開業初日から大繁盛する「地域密着医院」の作り方

大野雅則
OHNO MASANORI

クロスメディア・パブリッシング

目次

プロローグ　医院の開業はこうして失敗する

開業成功へのステップ1　患者が集まる「医院設計」の極意

開業成功へのステップ2

開業にはパートナーが必要！コンサルタントに依頼しよう

開業成功へのステップ3

バリバリ働くスタッフ選びと「理念」の共有

開業成功へのステップ4

開業初日から繁盛医院にする「マーケティング」の方法

開業成功へのステップ5

患者に最大限満足してもらい、利益を最大化する「保険診療」術

エピローグ

繁盛院長の心得――「3方よし」で発展を目指す

プロローグ

医院の開業はこうして失敗する

開業医が増え続ける理由

「医師として10年以上のキャリアを積み、自分だけで診療を回していく自信がついてきた」「当直やオンコールで拘束される勤務医生活に限界を感じてきた」「医師以外からは高給取りだと思われているが、実態は労働に対して割に合わない。さらに収入を高めたい」……このような動機で、毎年多くの医師が新規開業を志しています。

実際、データで見ても開業医の絶対数は増えています。厚生労働省が発表した「令和元年（2019年）医療施設（動態）調査・病院報告の概要」によると、1999年に約9万施設あった「一般診療所」は、2018年には10万施設以上にまで増加しました。

一般企業の多くが後継者不在で事業承継に困っているのと同じく、医院も後継者不足に悩み、廃業やM&Aによる統廃合が進んでいます。それを考えると、新規開業は顕著に多くなっているといってよさそうです。

診療所増加の背景には、もちろん人口の高齢化によって地域医療の受け皿が多く求められるようになったこともあるでしょう。しかし、私自身が47歳で自分の医院を開設した経緯を振り返っても、医師のキャリア自体における時代性が大きく変わった影響を、感じざるを得ません。

開業が増えるトリガーになったのは、「医局崩壊」といわれる状況の到来です。ドクターである読者の皆さんはよくご存じでしょうから詳細は割愛しますが、２００４年の新研修医制度施行を契機として、今までドクターのキャリアにとって絶大な影響力を持っていた大学医局の権力が大きく衰退しました。

従来のドクターは、大学の医学部を卒業して医師になった後は大学医局の関連病院を転々とし、大企業のサラリーマンよろしく大学医局や関連病院で出世を目指すのがキャリアの王道とされていました。しかし、こうしたドクターの生き方の常識に、パラダイムシフトが起きたのです。

結果、昨今はドクターもビジネスパーソンのように自らキャリアを考え、転職も含めてステップアップしていくことが当たり前になりました。現在ではウェブで「医師　転職」と検索すれば、医師専門をうたう転職サイトやエージェントが10社以上もヒットします。以前ではあり得なかったことです。

そうして自由度が高まったドクターのキャリアにおいて、「開業」という選択肢を取るパターンも増えてきています。若者のキャリア志向の変化や人生観の多様化という時代の流れも、開業医志向の高まりを後押ししているのでしょう。

そもそも勤務医という働き方は、何かと自由度が低く、自分の意思どおりの診療はままならないものです。たとえば患者さんに処方する薬の選び方ひとつとっても、病院の方針で「この病気にはこの薬」と決まっていたら、自分の治療方針にそぐわないとしても従わざるを得ません。

医療機器についてもしかりで、現場のドクターの判断で新しい機器を導入したりはできず、病院経営上あまり重視されていない診療科の場合は旧式の機器をずっと使い続けなければならないこともあります。

また、冒頭で述べたような労働環境の悪さも深刻です。近年になってようやくドクターの劣悪な労働環境に光が当てられるようになりましたが、大病院勤務のドクターにはどうしても当直やオンコールがつきまといます。人員不足の科であれば、当直明けの日勤など無理なシフトは当たり前。36協定（雇用主と労働者との間で結ぶ、残業規定に関する取り決め）なんてなんのその、という勤務形態が常態化しており、30代も後半になってくる頃には体力的にキツくなります。

加えて転勤です。医局所属のドクターは大学医局の関連病院をしばしば転勤するのが通例であり、配偶者や子どもを含めた家族のライフプランを大きく乱します。人生設計がやりづらいのです。

ところが、開業すれば、治療についてはすべて自分の決裁でできますし、勤務形態も自分次第です。表立っては言えないが、勤務医としての働き方がつらくなったのが開業に関心を持った大きな動機のひとつ、という読者も多いのではないでしょうか。

意地の悪いエリート勤務医のなかには、かつては開業医のことを「組織に馴染めなかったドクター」「金儲け主義のドクター」などと邪道扱いする人もいました。開業医自身も、本音のところは大病院から「都落ち」する失意を秘めてクリニックをスタートするケースがしばしば見られたものです。

しかし、時代は変わりました。開業は、ドクターのあるべきライフプランを実現するための有力な選択肢として、非常に注目されているのです。

開業医は儲かる？収入にまつわる実態

開業を語るにあたって外せないのが、収入というファクターでしょう。

ドクターという職業は、一般的に高収入と見られていることが否定できません。しかし、実際は「確かに稼ぎは多いが、出るお金も多い」と悩んでいるドクターがほとんどなのではないでしょうか。

ご存じのとおり、ドクターは医師免許を取ったら知識やスキルが完成するような職業ではありません。医学の進歩に合わせて日々、研鑽を積まなければ医師として使命を果たし続けることができないのです。そのための書籍や勉強会の費用が、これまた高いのはご存じのとおり。医学書は一冊で５０００円を超えるような高額書籍が当たり前で、アップデートも頻繁です。

また、勉強会や学会が地方で開かれる場合は移動費もかかります。新型コロナが蔓延する前は、たいてい会合の夜には懇親会があり、ドクターが集まるとなればそれなりのグレードの店がチョイスされますから、そこでもお金が飛んでいきました。ちなみに勤務医の場合、勉強の費用や会合関連の移動費などは、ほとんど勤務先の経費として申請できません。

加えて、家庭のほうも何かと物入りです。奥さんがハイブランドのバッグを欲しがったり、子どもを将来医学部に行かせるために教育費を多くかけたりと、ドクターの家庭は出費が多いもの。

しかも、ドクター自身の金銭感覚も、一般よりは裕福寄りの感覚です。読者の皆さん自身も、何かを買うときはお金をかけて少しいいものを買う、という習慣が染み付いている人が多いでしょう。世間からは「そんなのただの贅沢じゃないか」と思われたとしても、ドクターの家計とはそういうもの。基本的な生活水準というのは、意識ひとつではなかなか変えられません。

たとえドクター以外の仕事の人たちからは羨まれるような収入であっても、手元に残る資金はそれほどない。ドクター同士しか共感できないお金の悩みがあるのです。

さて、そこで、勉強会に高級外車で乗り付けてきたり、高級腕時計を見せびらかしたりしてくる開業医の先生方に、「一体どれほど稼いでいるんだ」と興味を持つようになります。
開業医の収入は、当然ながらまちまちです。しかし、勤務医の収入がたとえば1600万~1800万円程度だとすると、それを超えて2000万円以上を稼いでいる開業医は珍しくありません。

また、勤務医だとなかなか理解しがたい「医院の経費」という考え方があります。要は、医院の経営に関する用途ならば、自分の裁量で医院のお金を使えるのです。もちろん医院のお金の私物化は絶対NGですが、先に述べた書籍代や勉強会の移動費などは正当に経費扱いできますし、医院の車を持つこともできます。直接の収入と合わせて医院の経費をうまく使えば、実質的には年収3000万円を超える暮らしぶり、という開業医生活は決して夢ではないのです。

ちなみに私の年収は伏せますが、勤務医時代に比べるとはるかに良いワークライフバランスで、収入も増えています。

ただ、そんな豊かな開業医生活を実現させるには、開業を成功させて医院経営を軌道に乗せなければいけません。そのハードルが、多くのドクターが思っている以上に高いのです。

開業失敗が後を絶たない現実

はじめに、言葉を選ばず言えば、開業を志すドクターのほとんどは開業を甘く見ています。新規に開くクリニックを成功させるのは、それほど簡単ではありません。実際、開業に失敗して一年ほどで閉院し、居抜きでほかのクリニックに入れ替わってしまう例も見られます。

では、なぜ開業が失敗に終わってしまうのか。端的に言えば、失敗の理由は予想の売上高をきちんと考えずに開業費用やランニングコストを高く設定しすぎ、資金がショートしてしまうことに尽きます。こうした初歩的な理由で廃業に追いやられてしまうケースは、一般企業の立ち上げに比べて医院開業では特に多いようです。

なぜなら、ドクターの多くはビジネスとは無縁に生きてきたからです。

私は自分のクリニックを経営しながら、開業を志す後進の指導にも当たっています。そのなかでドクターに対してとても強く感じるのが、開業するとただのドクターではなく経営者になる、という認識の欠如と、ビジネス一般に関するリテラシーがかなり乏しい実態です。

ドクター以外の多くの人は、学校を出て社会人になる前にアルバイトなどを通じてビジネスに触れています。居酒屋のバイトであっても商売としてお客さんとお金をやり取りする感覚はなんとなく実感できますし、そこで最低限のビジネス感覚を身につけられるでしょう。

なかには学生起業を経験していたり、長期のインターンシップで責任のある仕事を経験したりして、新卒の時点でビジネスマン予備軍としての準備はバッチリ、という人もいるようです。実家が商売をやっていたり、サラリーマンとしての親の生き様を見ながら育ったりすることで、ビジネス感覚が養われるケースもあるでしょう。

ところが多くのドクターの育ち方は、こうした一般的な人とは違います。学生時代は授業に実習にと忙しく、バイトといっても医学部としての知識やブランドを生かした家庭教師や、病院の手伝いだけ。一般のビジネス社会で働いた経験を持つドクターはほとんどいません。

また、ドクターは親もドクターである場合が多いですから、そうすると生まれてから大人になるまで、働いている大人には医療関係者しか会ったことがない、という状況すらあり得ます。そんな育ちのまま医学部を卒業してしまえば、立派な世間知らずドクターの誕生です。

少々、乱暴な言い方になりました。私もいちドクターとして誤解のないよう述べておくと、医師は専門職ですから、基本的には医療のプロでさえあれば問題ありません。変に商売の知識を蓄えるのに浮気をするぐらいであれば、本業の医学知識をさらに磨いたほうがよほど良いでしょう。

ただ問題は、いざ開業するとなった際、多くのドクターがビジネス感覚の乏しさによって足元をすくわれることです。

たとえば、医療機器の発注について考えてみましょう。読者の皆さんは、医療機器を発注する場合、どのような方法を取るでしょうか。

この問いに正解はありませんが、ひとつ無難なのは、複数の業者に声かけをして、機器の仕様や提供してもらえるサービスと、見積もりをプレゼンテーションさせて比較し、絞り込んだ業者に最終値引きを求めて決めること。医院経営の経験なしにこの方法を即答できるドクターは、あまりいないのではないのでしょうか。

また、医院を開く土地建物の賃料についても、ドクターは相場感というものを持っていない人が多いです。人生で実家と親が所有するマンションにしか住んだことがない、というケースもありますし、そもそも専門職であるドクターは医療以外のことは他人に委ねて関心を捨ててしまう傾向にあるので、建物賃料の相場感に興味がありません。

その結果、開業にあたって何につけても割高にお金を払ってしまうシーンが多くなります。そうして少しの割高感が積み重なって初期コストがかさみ、患者さんが順調に集まったとしても失敗することが決まっているような医院をスタートさせてしまう。これが多くの開業が失敗する仕組みです。

ちなみに、私が見聞きした範囲では、実家が商売をやっていたドクターは開業の成功率が高いように感じます。やはり、開業には一般企業のようなビジネス感覚が重要なのでしょう。

知らないうちに開業する場所まで業者が決めてしまった！

ドクターを顧客とする業者にとって、新規の開業は一気に高額の受注が狙える、よだれが出るような案件です。

皆さんも開業の実務を進めれば経験するでしょうが、ドクターが開業するという話は知らないうちに周囲の業者に漏れます。普段の診療で接点の多い医薬品卸会社の担当者にポロっと漏らしたり、開業地を探しに不動産会社を訪れたり……といったきっかけで広まることが多いようですが、どんなに口止めしても開業計画はなぜか必ずバレるのです。私自身の開業時も、そうでした。

いったん開業の情報が漏れると、もう大変です。製薬会社、医療機器メーカー、建設会社、司法書士や税理士など、最初に話をした会社がつてのある業者に一気に声をかけ、知らない間にあなたの医院の担当チームができあがっています。それぞれの業者の良し悪しをドクターが判断する時間もなく、電光石火です。

多くのドクターは自分で業者を探そうという意欲をそこで挫かれ、業者の言いなりになってしまいます。「院長先生、院長先生」と、自分を助けようとする人がたくさん集まってきてくれて気持ちよくなってしまう面もあるでしょう。

私の知人の院長先生は、「開業する場所まで業者が勝手に決めてしまった」と嘆いていました。もちろん院長の意思確認なしで物件入居が決まることはあり得ないので、この先生の一種のジョークなのか、あるいは業者から提出された書類にきちんと確認せずハンコをついてしまったのだと思いますが。それぐらい、ドクターが開業するとなると様々な人が周りに集まってくるのです。

ドクターは命を救うという特別な仕事を選ぶくらいですから、そもそも心優しい人が多いものです。開業にあたっての業者への発注でも、「営業さんが良くしてくれたから、見積もりどおりの額で発注しないとかわいそう」というような感覚を持ってしまうことがあります。

私は何も、業者が悪徳だと言っているわけではありません。業者だって評判が悪くなれば今後の商売に差し支えますから、詐欺のような提案をしてくるケースはほぼないでしょう。

ただ、相手もビジネスですから、丸投げにすれば自社の利益が最大になるような仕組みを作ってくるのが当たり前。開業医が経営者としてしっかりとコミットし、適正な費用対効果を自分で見極めていかなければならないのです。

開業する医師には、雇用するスタッフと開業後に訪れてくれる患者さんのために、医院の経営を継続する責務があることを忘れてはいけません。一般の事業に比べ、医療の継続は地域社会にとってはるかに重大事です。最初に業者から提出された見積もりから値引きして価格を確定させることは経営者として当たり前ですし、対応に納得がいかなければ別の業者からも話を聞いてみてください。妙な温情を加えたり、思考を放棄して業者に丸投げしたりするのは禁物です。

厳しい院長、計算高い院長と思われるくらいがちょうどいいのです。

意味のない贅沢が開業を失敗に終わらせる

先に、ドクターは余分にお金を出してでも良いものを手に入れようとする感覚になりやすいと述べました。この感覚を開業においてもふんだんに発揮させ、失敗してしまう院長が後を断ちません。

代表的なのが、広くもない医院に立派な院長室を作ってしまうケース。自分は最初からそんな見栄を張るものか、と読者の皆さんは思うかもしれませんが、実際に開業準備を進めると感覚が変わります。一国一城の主になる、という実感が湧いてくるうち、「立派な院長室で執務にあたる院長先生」という像に対する憧れがむくむくと高まってきてしまうのです。

そこで、業者から「先生、院長室はどうしますか？」などと聞かれて、広々とした院長室の設計案を見せられたり、豪華な院長デスクや椅子のカタログを広げられたりするとひとたまりもなく、「一番良いやつを！」となってしまいます。ランナーズハイのような、一種の開業医ハイです。

目を覚ましましょう。院長の執務室は開業当初からあってもいいですが（私の場合は院長室として作った部屋を男性スタッフ用の更衣室にコンバートしたため、分院を開くまで一人でゆっくり考える部屋がありませんでした。ちょっと不便でした）、院長一人しか使わない部屋ですから、広さはスタッフ用の部屋より狭くても事足ります。

什器は、使用感が悪くない範囲で最安のものを。ツボや置き物を買って、重厚な雰囲気を演出する必要も一切ありません。スタッフは院長の威厳をそんなところでは判断しません。

豪華な院長室にこだわるのであれば、開業が軌道に乗って医院にお金が十分貯まってから改装しても遅くはないはずです。

本章に続く「開業成功へのステップ1」でも述べますが、医院を建てる際には売上をあげるスペースとそうでないスペースを明確に区別して考えてください。たとえば私の整形外科では、リハビリ室が広ければたくさんの治療機器を置くことができ、売上向上につながります。診察室は広くとってもスタッフ動線が悪くなるので、多少狭くても数を多くしたほうが多くの患者さんを診察できます。これら、売上に直結するスペースには大いに投資すべきです。

一方で院長室は……もう、あえて申し上げなくても答えはお察しいただけるでしょう。

せっかく自分の「城」を持てるのだから、なるべく豪華で立派な城を持ちたい、建てたいと思うのは理解できます。しかし、自分の「家」であれば自分の責任で持てますが、医院は自分の「夢・理想」であっても、「事業」という意味合いが強くなります。

その「事業性」を考えず自分の理想を現実にすることに目を向けるばかりだと、採算が合わなくなるのです。医院の広さ・内装・立地などが事業内容とそぐわなければ、「負債」にしかなりません。

医院経営においては、「支出」と「投資」を切り分けて考えましょう。

また、医院開設時のスタッフについても、新人院長は過大な人員を揃えてしまいがちなので、気をつけてください。開業前に勤めていた大病院にたくさんのスタッフがいたのを見てきたために、医院に必要なスタッフの数を多めに見積もってしまうのです。

多めに見積もる、というよりも実際はどんぶり勘定で、多くの開業医は「だいたいこれくらいの人数が必要かな、足りないよりは多いほうがいいよね」という程度の計算でスタッフの採用人数を決めてしまいます。

これは、新人院長が陥る大きな落とし穴です。多くの開業医が開業後に、人件費をナメていた、と後悔しています。

簡単に説明しましょう。たとえば、月収35万円のスタッフを4人揃えるとします。人件費は給与だけでなく、社会保険料も雇用主が負担しないといけませんから、光熱費の増分や雑費なども諸々考えると、医院の出費は給与の1・5倍ほどになります。

つまり、月収35万円のスタッフが4人いると、年間の費用負担は2500万円ほどになるのです。

さらに、年間一人100万円のボーナスを支給してあげるとすると……年間の費用負担は3000万円近くになってしまいます。人に関する費用は開業時のローンの返済額や建物の賃料よりもはるかに高く、間違いなく医院最大の出費になるのです。その分の売上をあげるのは簡単なことではありません。

もちろん、開業の規模や診療科によって、あるべきスタッフの陣容は異なります。しかし、まずは最小限の人数で始める、という鉄則は強く意識しておいてください。

重要なのは「理念」と「計算」

さて、次章からはいよいよ、医院の開業を成功させるための具体的なノウハウを解説します。ただ、その前に、医院経営の大前提となる原則を伝えておきましょう。

重要なのは、「理念」と「計算」の両軸をともに意識することです。まず「理念」というのは、院長自身が何のために医院経営に取り組み、どんな診療を実現したいかという、医院としてのビジョンです。理念がなぜ重要なのか、また、どのように理念を設計して、スタッフや患者さんに伝えていけばよいのかについては、開業成功へのステップ3で詳しく述べていきます。

次に「計算」です。ここは本章で述べてきた、ドクターにありがちなビジネス音痴なところや見栄っ張りなところが失敗を招く、という話につながります。

繰り返しますが、開業すればドクターはただのドクターではなくなり、「経営者」になります。地域に医療を提供し続け、スタッフの雇用を守り続けるため、具体的な数値的根拠をもって「医院の経営はこれからも継続できる」と言い切れる状態を保たなければいけません。

誤解しないでいただきたいのは、私は新人院長に対してドケチ経営を推奨し、院長自身も爪に火をともすような生活をすべき、と言っているのではありません。はっきり言ってしまえば、せっかく大きなリスクをとって開業したのに院長個人が豊かになれないなんて、そんなにつまらないことはないと思っています。

あくまでも最初だけです。最初だけ、ケチるべきところをケチりましょう。一般企業とは違って医院経営は景気の波に左右されにくく、ひとたび経営が軌道に乗ってしまえば比較的安定します。特に意識しなくてもお金が余り、次は医院にどんな投資をしようか、という楽しい悩みを抱えることになるでしょう。

そうなってから、初めて院長が贅沢すればいいのです。

開業体験談——梅木先生の場合

先ほど、私は自ら医院を経営する傍ら、後進の開業指南にも当たっていると述べました。後輩ドクターには、私の経験からアドバイスするのみならず、実際に私の医院で院長研修を兼ねて働いてもらい、開業に成功するためのエッセンスを本気で注入しています。

今回は、院長研修を行ない、令和3年3月に開業し、開院後約3週間で黒字を達成した整形外科の梅木院長より、私の医院における院長修行を経た体験談が寄せられています。本書では後のステップになって初めて触れるノウハウや、本書で直接触れていない知識も一部含まれますが、皆さんにとって先輩の開業医にあたる梅木先生の「生」の声として、ご参考に紹介しましょう。

以下は、梅木先生からの寄稿です。

私（梅木）は、自分のクリニックを新規開業させる前に、大野整形外科リウマチ科で院長研修を兼ねて勤務をしました。当初の予定よりも期間は長くなり、約8ヶ月間にわたって大野院長のもとで修行した後に、自分のクリニックを開業しています。

私は、開業を決意したものの、大野整形外科リウマチ科への勤務前には、開業医としての生活や仕事内容についてまったく想像できていませんでした。

「開業したら何人くらいの患者が来院するのか?」

「どの程度の仕事量なのか?」

「どのくらい大変なのか?」

そういった、漠然とした不安があったのです。そんなとき、ご縁があって大野整形外科リウマチ科での院長修行のチャンスを得ました。

大野整形外科リウマチ科での修行からは、開業するにあたって必要な、次のような事柄を学びました。

・理念が重要だと知った

開業にあたってサポートをお願いしたコンサルさんからは、「まずは理念が大事」と言われていました。しかし、はじめにそう聞いたときは、「なんで理念が必要なんだろう？どうせうわべだけの言葉でしょう」と思っていたのが正直なところです。

しかし、大野整形外科リウマチ科で働いていてわかったのは、やはり成功するクリニックは理念を非常に大事にしている、ということ。日々の診療のなかで、理念でスタッフをまとめ上げて動かしているのがよく伝わったのです。そして、理念重視の経営は決して感覚的にやっているのではなく、大野院長が意図して理念を浸透させているのだと感じました。

・人の動線がよくわかった

ドクターの動線・看護師の動線・患者さんの動線は、頭のなかでどれほど想像してみても完璧にはわかりません。しかし、成功している医院で実際働いてみるとよくわかり、イメージしやすくなると思います。

たとえば、大野整形外科リウマチ科ではレントゲン室が診察室と隣り合っています。診察中に患者さんと話しているときでも撮影がすぐできるため、手間がかからず非常に有用と思います。

ただし、ドクターはあまり歩かなくなるため、運動不足になる可能性が高いです。

また、自分のクリニックの設計で悩んでいた際、大野院長が図面を見ていろいろアドバイスしてくれました。

・電子カルテの取り扱いに習熟した

開業後に同じシステムを使うなら、院長修行によって勤務中にカルテに慣れることができるでしょう。

そのメリットを実感したのが、私のクリニック開院前の研修時でした。スタッフは初めて使う電子カルテの操作手順を覚えるのに何時間もかけていましたが、私は既にマスターしているので、その時間をほかの資料づくりに使うことができ、より長い時間をスタッフの指導に割けました。

ちなみに、私のクリニックでは、電子カルテのオーダーはすべてセット化してあり、クリック数を少なくして作業時間を短縮できます。このセットメニューも大野整形外科リウマチ科からすべてもらって、自分のクリニックの電子カルテに入れました。

・問診表の工夫を学んだ

以前、私が勤務医だった時代の病院の問診表は、ほぼ形だけで、意味がありませんでした。しかし、大野整形外科リウマチ科で働いて驚いたのは、問診票にかなりの情報量があることです。患者さんの希望や、どういう動きをすると体が痛くなるかなどを具体的に記して、選択式にしていたのです。

人手不足の小さなクリニックにとっては、患者さんから問診表で多くの情報が取れれば、大幅な診療の効率化につながることを実感しました。

・レセプト業務に慣れた

レセプト業務は、今まで病院に勤めていたときは他人事だった仕事でした。勤務医は診察に集中していればよく、事務作業はほかのスタッフがすべてやっていてくれたからです。

その状態のまま開業したら、おそらくレセプト作業がまったくわからずにかなりの苦労をしたのは間違いありません。院長修行でレセプト作業を教えてもらったおかげで、レセプトが収入の源泉となる重要な作業だという事実が認識できました。

たとえば大野院長は、病名をつけるにあたって、病気のストーリーを大切にして、矛盾がないように病名をつけ、査定で戻されない対策をとっていました。初診料・再診料についても、大野院長のおかげで気にするようになりました。

・リハビリについて

私は整形外科医ですが、勤務医時代にはリハビリの器械を見る機会がありませんでしたし、物理療法に対する興味はあまりありませんでした。開業前に大野整形外科リウマチ科で実物を見たり触ったり、サイズ感を確認したり、人が使っている状況を見たりしたことで、自分のクリニックを開業したときのイメージがしやすくなり、とても有益でした。

・診察の仕方

また、診察のやり方も勤務医と開業医とでは異なるため、大野院長の診察の方法も参考になりました。院長のノウハウが詰まっているので、詳しくはここではお話しできませんが、新患が一人来られると、その一人の新患で終わらず近所の人、家族、友人などが何人も口コミで来られることが多く、勉強になりました。

・その他

採用面接にも立ち会わせてもらいました。以前の病院では患者に会うことはあっても、採用面接の経験は皆無でした。候補者の適性をうまく見抜く質問のコツなど、面接の立ち会いで学んだテクニックは開業後に大いに役に立っています。

このように、院長修行によって、勤務医時代にはわからなかったことや、気にしなかったことなど、短期間にたくさんの知識を得ることができました。さらに、現場に置かれることで、成功しているクリニックがどんな経営感覚であるかを体感することができ、知識・経験ともレベルアップしたと感じています。院長修行は、クリニック開業に必ず役立つと考えています。

また、クリニック開業で一番大きな出費になるクリニックの建設費用の半分を大野院長が負担してくださったため、金融機関からの借り入れが数千万円単位で減り、クリニック全体で利益が出やすい体質になりました。クリニック建設で心配されている先生、出費を抑えて開業したい先生はご相談されてもよいと思います。

開業成功へのステップ1

患者が集まる「医院設計」の極意

「開業は立地が9割」ではない

それまで病院に勤めていた医師にとって、開業は誰でも初めての経験。

開業するための自己資金はいくら必要なのか？
銀行の融資は得られるのか？
開業するのによい立地はどこか？
まず誰に相談したらよいのか？
患者さんをどうやって集めるのか？
スタッフは何人必要か？

など、わからないことずくめなのは当然です。
本章からはいよいよ、どんな新人院長でも、開業初日から患者さんが行列を作るような開業の具体的ノウハウについて解説します。

まず、経営として見たときの医院経営とは「箱モノビジネス」だという事実を認識しましょう。医院という不動産が実在しており、敷地の坪数は変えられません。そこでどれほど多くの患者さんを治療できるかが問われます。坪数に応じて投資した金額に対し、どれほど売上額を高められるか。医院経営を成功させるポイントは、それに尽きます。

高額の自費診療や美容医療など、WEBマーケティングやマス広告（テレビや雑誌などの媒体に出す広告）の打ち方が重要な診療科では少々事情が異なりますが、保険診療で売上を積み重ねる大部分の医院は、箱モノビジネスの原理をよく理解して戦略を立てなければなりません。

言葉を選ばずに言えば、経営上の考え方として、医院はラーメン屋さんと一緒。1日の売上額には上限があり、その売上を可能な限り高めるよう経営努力をしなければならないのです。

したがって、自分の医院をどのように設計するのかは、開業のキモになります。建築工事や内装工事は開業費用の半分以上にもなる多額の投資ですから、開業後にダメだとわかったところで手遅れです。開業時にとことんムダなく、ベストな医院を形作らなければいけません。

「医院の設計が大事なんだ」という話を私がすると、よく誤解されるのが「立地が最も大事である」ということです。飲食店や小売店と同様に、患者さん（お客さん）が来てくれないと売上があがらないのが医院経営ですから、立地が重要なのは素人でもわかる、というところでしょう。

しかし実は、医院設計で最も大事なのは、立地ではありません。建物自体をどのように作るかのほうが重要です。

もちろん、明らかに悪い立地というものは存在し、そんな立地を選んではいけません。ダメな立地や、一見気づきにくい「落とし穴立地」については後述するので、安心してください。

ただ、ある程度妥当な立地の範囲さえ選べば、医院経営はそれほど場所にこだわらなくても問題ありません。というより、医院経営にとって最高の立地は、これから開業するクリニックのためにはもはや残っていないので、あまり考えても仕方がないのです。すばらしい立地には必ず、医院やほかの施設が既にあり、長年、安定経営をしています。

もちろん、「たまたま院長の高齢化による医院の廃業があって、跡地を譲り受けられた」「親から最高の開業地を受け継いだ」という人もいるでしょう。そんな幸運に恵まれた人であれば、開業ノウハウは必要ありません。最高の立地のおかげで、何もしなくても患者さんがみるみる集まってくるでしょうから、院長は治療の質を高めることに専念してください。

本書では、最高の立地に巡り合う幸運を得られないであろう、99%の先生方が誰でも成功できる方法を述べていきます。

予定患者数は大ウソ！「診療圏調査」はアテにならない

失敗する可能性が高い立地に医院を開業するのをどうやって避けるか――方法として最もポピュラーなのが、「診療圏調査」です。新規に医院を開業する場合、診療圏調査は必ず行ないます。

診療圏調査とは、開業候補地を中心とした一定の範囲内に住んでいる人口に、専門科の

「受療率（各県で統計が出ています）」を年代ごとに掛け算して、合計する調査です。さらに、導き出した患者候補の数を、領域内の医院の数で按分した数字が、開業後の受診人数の目安になります。一般的に、診療圏調査で導き出された受診人数が多い場所に開業すると、患者が集まりやすいといわれています。

しかし実は、単純な診療圏調査で出てきた受診人数予測はまったくアテになりません。その理由は大きく次の2点です。

・領域内の地形などを考慮せずに人口だけを見ている
・患者候補の人口を医院の数で按分している

順番に説明します。

・領域内の地形などを考慮せずに人口だけを見ている

診療圏調査では、単純に円で囲んだ範囲の人口をもとにして、開業時の受診人数を割り出します。つまり、領域内であればどのポイントに開業しても、想定される患者数は同じになるわけです。

ところが実際には、ポイントによって患者さんの数は大きく変わります。人間は所在するポイントから瞬時にクリニックに移動してくるわけではなく、徒歩や車で動く人の流れ、というものがあるからです。

たとえば候補地の近くに大きな川があり、橋が少なくて渡りにくい場合、その候補地で開業した医院が川の向こうから患者を集められる可能性はかなり低くなります。当たり前すぎて逆に見落としがちですが、物理的に行きにくい医院は受診する候補から外れてしまうのです。ほかには、線路や高速道路なども人の横断を妨げるため、受診人数を減らす要因になります。

たまにあるのですが、線路を挟んで片方の側に人口が集中している地域の場合、人が少ない側に開業してしまうと悲惨です。診療圏調査の計算より、はるかに少ない患者さんしか来院してくれません。

ただし、線路に分断されていても駅前は別です。線路で分断された地域であっても、通勤する人がよく通る駅前に開業すれば、医院がそこにあるだけで毎日多くの人の目に触れることになります。

加えて、川や線路などのわかりやすい目安がない場合でも、患者の集まりにくい「落とし穴立地」には注意しましょう。

たとえば、一見すると車がたくさん通って見通しのいい立地でも、道路に中央分離帯がある場合はマイナス要因になります。反対車線から出入りしにくいからです。

ほかにも、都心を除いた小児科では、駐車場を広々と取れることがかなり重要です。女性が車で通院するので出入りのしやすさが求められ、車からベビーカーを出し入れするために広いスペースが必要になるからです。小児科のクリニックは、できれば駐車場の出入り口を2ヶ所以上設け、1台ごとの間隔も十分にとれるような場所を選んで開業したほうがいいでしょう。

精神科のクリニックでは、一戸建てはよろしくありません。患者さんの出入りが近所の人に見られて噂になる危険があり、患者さんが集まりにくいからです。精神科であれば、表通りから見えづらい裏路地のテナントビルのほうが適した立地になります。診療科によっても、望ましい立地は変わるのです。

このような、医院の立地に関する数々のポイントは、診療圏調査ではまったく考慮されていません。

・患者候補の人口を医院の数で按分している

診療圏調査では、領域内の人口をクリニックの数で按分して受診人数を割り出すと述べました。この計算方式、違和感を持たれた読者の先生もいるのではないでしょうか。

冷静に考えると、たとえば領域内に同じ診療科の医院が4つあったとして、患者さん候補が律儀に4分の1ずつ集まってくるわけがありません。当然、医院によってバラつきが出てくるはずですし、新規に開業した医院が、ただ開業しただけでほかの医院の患者さんを均等に取ってこれるとは考えにくいです。

計算を単純にするための均等割という処理は、あまりにも医院経営の実態に合っていません。結果、診療圏調査で出てきた受診人数はちっとも参考にならない数字になってしまうのです。

私が診療圏調査のカラクリに気づいたきっかけは、「無料で診療圏調査をやります」とうたう2社の開業コンサル会社に依頼し、出てきた数字がそれぞれ違っていたことです。なぜ数字が2社で違っているのか私が質問しても「わかりません」という答えで、不審に思って受診人数計算のプロセスを問いただしたところ、医院の数で患者数を按分しているとわかったのです。

私は、こんな方法では実際の開業が計算どおりになるわけがないじゃないか、と愕然としました。2社に診療圏調査を依頼していなかったら、アテにならない数字を根拠に開業立地を判断してしまうところでした。

以上のように、業者に頼む診療圏調査は信用できない場合が多いです。私は、結局自分でやりました。おおよその受診可能範囲を不定形に描いたうえで、領域内の人口を国勢調査から割り出し、立地のポイントについても加味。信頼できるコンサルから、整形外科なら領域内に2万人いれば大丈夫だろうという指針をもらっていたので、人数が2万人を超えるところで妥当と判断できる立地に開業を決めました。結果、ちゃんと患者さんは集まっています。

ただ、私が最初に開業した医院の立地は、最高であるとは言えないと思います。私の医院は国立大学の近くにあって、若者など広い年齢層が分布しているのですが、整形外科のメイン患者層である高齢者の割合がそれほど高くないからです。融資を得る際に銀行からも診療圏調査を受けましたが、そこで出たのは、一日にやってくる患者さんは約90人が限界、という数字でした。

しかし、銀行の診療圏調査による数字は、開業からたった4ヶ月で超過しました。なんとも当てになりません。

前述したとおり、そもそも最高の立地は日本に残っていませんから、立地にこだわりすぎるよりは医院づくりや採用、マーケティングに注力したほうがよほど建設的で、患者さん集めにつながるでしょう。

人の動線を重視した間取り設計のポイント

さて、本章冒頭で述べたように、繁盛医院を作るために建物の設計は非常に重要です。

患者さんの集まる医院づくりのポイントを解説しましょう。

まず大事なのは、院長であるあなた自身やスタッフ、患者さんの「動線」を妨げない間取りになっていることです。たとえば私の整形外科クリニックであれば、診察室から廊下を挟まずにそのままレントゲン室に移動できるようになっています。多くの患者さんが腰や肩、背中などの痛みを訴える整形外科では、診察してまずはレントゲン、という流れで治療を進めるパターンが多いからです。

診察室からレントゲン室へ行くまでに廊下を介さないだけで、レントゲンを撮影するためのスタッフ（院長や看護師）の移動が最小限になり、かなり時間の節約になります。同様に、診察室から治療室への移動も、可能な限り余計な動きやドアの開閉を排除できるよう意識して設計しました。

イメージとしては、左のページに掲載した図を参照してください。

動線を重視する一番大切な理由は、スタッフの動線が悪いと、毎日行なう作業のための移動時間が長くなり、結果としてたくさんのスタッフを雇わなくてはならないことです。つまり、人件費が多くなってしまいます。

動線の良いクリニック設計のイメージ

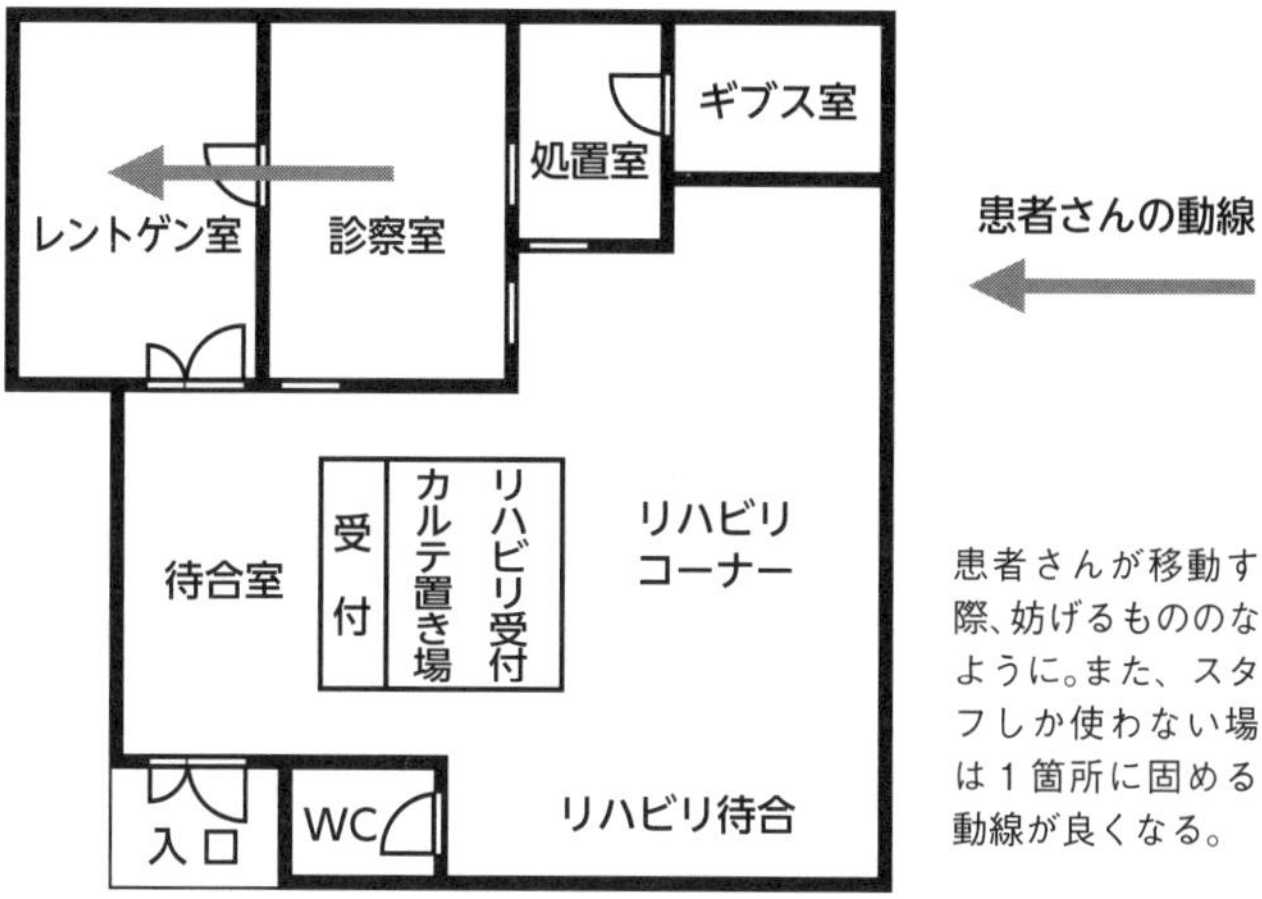

患者さんが移動する際、妨げるもののないように。また、スタッフしか使わない場所は１箇所に固めると動線が良くなる。

たとえば、診療のなかで受付から診察室に物を頻繁に運ぶ場合は、受付と診察室が隣接しているべきです。間取りだけでなく、医療機器の置き場所や医薬品の置き場所・置く高さも動線に深く関わります。

動線設計のキモになるのは、患者のためではなく「スタッフ」のためを最初に考える思考法です。医療従事者の発想は普通、患者さんのためを一番に考えます。しかし、医院の設計、経営を考える際は、患者さんファーストよりも自分たちファーストの思考が肝要になるのです。

開業にあたって、まずは自分たちの仕事のやりやすさ・動きやすさを最優先で考えましょう。その考え方が、最終的には患者さんの待ち時間の短縮や移動距離の短縮に役立ち、患者さんに優しい医院づくりを実現するのです。

なお、開業前に勤務していた大病院の動線設計は参考にするのはやめてください。病院の動線はクリニックとまったく考え方が異なるので、病院の間取りを思い出すとむしろマイナスになります。

逆に、病院の間取りを参考にせず、新しい間取りのイメージを作り上げなければいけません。

バンドワゴン効果で集患力を高める

ほかのポイントとしては、患者さんが院内になるべくたくさんいるように見える間取りを設計することがあげられます。

人間は何かを購入したりサービスを受けたりするとき、なるべく多くの人間に支持されているものを選びたいものです。この心理を、「バンドワゴン効果」と呼びます。

ラーメン屋さんにたとえると、わかりやすいです。ある場所に2軒のラーメン屋さんが隣りあっているとしましょう。片方はそれなりにお客さんが入っていて、もう片方が閑古鳥が鳴いていたら、あなたはどちらを選びますか。

片方が大行列だったら待ちを避ける選択をする人もいるかもしれませんが、まだ入れる余地がある程度の混み具合であれば、ほとんどの人はお客さんが入っている店を選ぶはずです。ガラガラの店に入るのは勇気がいります。

医院においても同様です。患者さんがちっとも来ていない医院は、それだけで「ヤブ医者なんじゃないか」と思われてしまいます。したがって、ぜひおすすめしたいのが、待合室をガラス張りにするなどして、患者さんがちゃんと来ている医院だとわかるような設計にすることです。

告白すると、私は最初の整形外科クリニックの待合室は少し狭めに設計しました。ぎゅうぎゅうに患者さんが来ている印象を与えたかったからです（今は新型コロナで「密」に厳しいご時世なので、事情は変わっているかもしれません）。

また、意外に見落としがちなのが駐車場です。駐車場に車が停まっていないと閑古鳥が鳴く医院に見えてしまうので、開業初期はスタッフの車など、多少「サクラ」を使ってもいいかもしれません。

ちなみに、特に整形外科や内科においては、開業当初からウェブの予約システムを導入するのはやめておきましょう。空いている時間を患者さんに選ばれたら、いつも来院患者がまばらな医院に見えてしまうからです。ウェブの業者は今時当たり前というトーンで予約システムを勧めてきますから、気をつけてください。

ただし、小児科や耳鼻科など、母親が子どもを連れてくるような診療科の場合は、待ち時間を少なくするために予約システムを導入したほうが効果的です。子どもを抱えて診察待ちをするのはストレスなので、お母さん層には予定した時間どおりに診察できるほうが喜ばれます。

なお、バンドワゴン効果のセオリーも診療科によって変わります。精神科やAGA（薄毛治療）、美容整形といった、患者さんが診察を恥ずかしがるような診療科の場合、外から患者さんが見えるような医院設計は逆効果です。医院が繁盛していることは、何かほかの手段でアピールする必要があるでしょう。

そのあたりのさじ加減は、それぞれの診療科のドクターである皆さんならば肌感覚でわかるはずです。本書の内容を自分のケースにうまく当てはめて、アレンジして実践してみてください。

競合より「少しだけ」豪華にするのがコツ

美意識の高い先生は、とにかくゴージャスな外装・内装の医院を作るのに腐心する場合があります。ところが、医院を豪華にする努力の多くは患者さん集めにつながらず、ムダな出費をしただけに終わってしまうのです。

私が見聞きした失敗例をいくつか紹介します。

・天井を吹き抜けにして高級感を出した医院

→工事費が高くつき、開業後の光熱費も高騰して経営悪化。

・床にホテルのようなカーペットを敷いた医院
↓車椅子が押しづらいという致命的な欠点が開業後に発覚。掃除も大変で、結局すぐにカーペットをはがすことに。
・過剰に高級な床材を使用した医院
↓ワックスがけのメンテナンスに費用がかかり、作業をさせられるスタッフからの不満も噴出してしまった。
・必要以上にトイレを多く作った医院
↓開業してみたら、ひとつで十分だったことに気づいた。しかも、余計なトイレのせいで医院の動線が悪くなってしまった。

重要なのは、来院する患者さんが何を求めているのかです。患者さんは治療を受けるという明確な目的を持って医院に来るわけで、ラウンジにくつろぎに来るわけではありません。医院全体が院長の趣味全開になっている癖のある医院よりも、普通の医院のほうが安心して来院してくれます。

もちろん、診療の性質や患者の層によっては、ほかの医院にないような設備を取り入れるのは効果的です。たとえば、女性患者をターゲットにするとはっきり決まっている場合は、待合室をラグジュアリーな雰囲気にするのも効果的かもしれません。歓楽街の近くにあって夜の仕事に従事する女性をターゲットにした美容外科なのであれば、患者である夜の女性たちの好みに合う内装のほうがウケはいいでしょう。

私の知っている小児科の医院は、待合室に模型の列車と線路を置き、電動で走らせています。子どもは大変喜びますし、ぐずりがちな診察待ちの子どもに付き添う親からも好評のようです。

治療内容や患者層に特定の色のない普通の医院であれば、医院設計のコツは「競合より少しだけ豪華にする」ことです。開業する医院と同じ診療圏にあるライバル医院がどんな外装・内装にしているかリサーチし、そこよりも微妙にキレイに見える医院にするのです。過度に豪華にする必要はありません。競合になる医院よりみすぼらしい外装・内装だと、そのことが地域に口コミで広まってしまう危険性があるため、それによる損失の危険を避けられれば十分です。

なお、注意したいのは整理整頓と掃除の徹底です。当たり前だと思われるかもしれませんが、ドクターは患者さんの体には細心の注意を払っていても、自分の身の回りについては無頓着である場合が少なくありません。機材や内装が新品でピカピカのクリニックであっても、雑然としていたり埃っぽかったりすると一発アウトです。

もし、掃除や片付けは苦手という自覚があるのだとしたら、潔癖症なくらいのスタッフを雇い、「自分は掃除や片付けが苦手だから細かく目配りしてください」と正直に頼みましょう。

設計事務所と工事業者選びの極意

医院を開業するまで、既に工事業者に発注をした経験があるという人はそれほど多くないはずです。マイホームを注文住宅で建ててもらったドクターはいるかもしれませんが、住宅と医院では設計や工事のポイントがまったく異なります。

医院設計は独特です。可能な限り、医院を作った実績の多い業者に発注しましょう。ここで気をつけたいのは、大病院の施工実績ではなく、個人クリニックの実績に注意して調べること。大病院を作るのと個人のクリニックを作るのでは、ノウハウが大幅に異なるからです。

できれば、自分と診療科も同じ医院のケースをたくさん経験している業者のほうがベターでしょう。

業者を探すには、インターネットで「○○（開業する地域） 医院 工事」などと検索して実績豊富な業者を調べ、相見積もりを取るのがいいでしょう。知り合いに業者を紹介してもらってももちろん構いませんが、複数の会社から見積もりを取るように徹底してください。しつこいようですが、1社だけしか見積もりを取らないと、確実に割高な発注になってしまいます。

また、設計事務所と施工会社を別々に発注するのは避けたほうがいいです。片方が医院作りに詳しくてももう片方が経験不足であれば、結局は仕上がりが悪くなってしまうからです。費用的にも、設計と施工が別発注になると高くつきます。加えて、もし開業後に何か建物に問題が発生した際、設計事務所と施工会社がお互いに責任を押し付けあって収拾がつかなくなるリスクもあるのです。

一番いいのは、医院づくりの実績が豊富な工務店に、設計から施工まで一括で依頼する方式です。工事費用は開業費用の多くを占めますから、業者選びには可能な限りこだわりましょう。

居抜き物件のコストメリットに騙されるな

ほかの医院が移転したり廃業したりした後の建物――「居抜き物件」に興味を持つドクターも多いかもしれません。

居抜き物件なら、入居にあたっての工事費用を最小限に抑えられ、物件によっては機材類も引き継げます。開業時期を早められるうえに初期投資も抑えられるので、「絶対に居抜きがいい」というくらいの熱意で居抜き物件にこだわるドクターもいます。

ただ、認識しておきたいポイントが2つあります。

1つ目は、居抜き物件とは「ほかの医院が経営に失敗した建物」である可能性が高いという現実。

医院には、経営の成功によって前向きに移転していく、というケースはほぼありません。目覚ましい成功を遂げて経営を拡大するのであれば、移転拡大ではなく分院を出す場合が大半でしょう。

医院の経営において、患者さんはそのクリニックの土地や建物自体についている面が大きく、安易に場所を移すのはリスクだからです。

したがって居抜き物件は、もともとあった医院が廃業したり、賃料を払えなくなったりして縮小移転した後の物件であることがほとんどになります。あなたの医院が代わりに入ったとしても、診療圏や建物設計などの条件が悪く、患者さんを集めづらい物件であるかもしれない点には注意しましょう。

2つ目は、初期投資は安くても物件の賃料が高すぎる可能性があることです。

そもそも、居抜き物件は前に入っていた医院が賃料をこれ以上払えなくなったから、居抜き物件になっている場合が多いわけです。その物件であげられる売上ではどうにも賄いきれない賃料が設定されている可能性は、十分に考えられます。

以前、出張のついでにちょっとした好奇心で、その土地の医院居抜き物件を見てみました。駅近の広々とした土地に立派な建物、内装も豪華……「さぞ賃料は高いのだろうな」と思いましたが、実際に賃料を聞いてみてビックリ。私の医院の売上ではとても払いきれないような水準でした。こんなところで開業したら、最初から大きなハンディキャップを背負ってしまいます。

保険診療の医院の性質として、全国どこの医院であっても限界の売上はさほど変わらない点があげられます。ところが、場所によって賃料は大幅に異なるわけで、都会に行くほど、広い土地であるほど、賃料が医院の経営を圧迫するのです。

好立地の居抜き物件が出たとしても飛びつかず、払える賃料を計算したうえで慎重に判断しましょう。

一度開業してしまったら、基本的に場所選びや医院づくりからやり直すことはできません。開業時には多額の銀行融資を得られたとしても、ひとたび開業してしまっては後から同額を調達することはかなり難しくなります。

医院の箱を作る作業がその後の経営の多くを左右すると心得て、慎重に検討してください。

開業成功へのステップ2

開業にはパートナーが必要！コンサルタントに依頼しよう

あなたは相談相手なしで開業できますか？

「開業コンサル」という職業にどのようなイメージをお持ちでしょうか？　開業未経験だとしても、一般的な知識として、ドクターの開業をコンサルティングする業者の存在は知っている先生が多いかと思います。

おそらく、大半のドクターは開業コンサルに対し、どこかうさんくさい印象を持っているのではないでしょうか。製薬会社なら薬を売り、医療機器業者なら機器を売り、不動産屋なら物件を仲介し……といったように、医院開業に関わる業者のほとんどは何を生業にしているのかがはっきりしていますが、開業コンサルは業務範囲が何なのかいまいちつかみづらいからです。

しかし、断言します。開業するなら、コンサルについてもらったほうが絶対に良いです。

本章では、「開業にはコンサルをつけるべき」ということを強くおすすめし、コンサルと役割を分担しながら開業を成功に導く秘訣を解説します。あえて1つの章を割いてコンサル活用について述べる理由は、あまりよく考えずにコンサルなしの開業に踏み切ったり、コンサル選びを間違ったり、コンサルへの任せ方のポイントを知らなかったりしたせいで、開業に失敗してしまうドクターが後を絶たないからです。

開業資金の調達方法や業者への発注のコツ、患者さんをうまく集める方法など、開業にあたっては、勤務医としての経験からはほとんど知り得ないようなノウハウが必須になります。それらの課題に直面するたびに自分の頭で考えて、うまく対応し続けられる院長はほとんどいないでしょう。いたとしたら、その院長は経営の天才です。

そして、開業医が直面する経営業独特の幅広い問題について解決策を持っているのが、開業コンサルなのです。コンサル費用がかかっても、その分ほかで使う費用が下がったり、売上が伸びたりするのであれば、コンサルを付けたほうが得になります。

私が開業した際も開業コンサルに依頼し、無理を言って開業から日にちの経った現在でもコンサル契約を継続してもらっていますが、そうする理由は、かかるコンサル費用よりも相談することによって得られる経営上のメリットのほうが圧倒的に大きいからです。

ドクターとして論文を執筆した経験のある読者のなかには、「巨人の肩に乗る」というアカデミックの世界の格言を聞いたことがある人もいるでしょう。これは先人の研究を徹底的に調べあげる重要さを説いた言葉で、先人の知という「巨人」に乗れば世界を遠くまで見渡せる、つまり先行研究をよく勉強すればより踏み込んだ研究ができるという意味です。

開業にあたってのコンサルとは、いわば経営にあたっての「巨人」。おおいにコンサルという巨人に乗っかってやれば、医院開業という地平をより遠くまで見渡せるのです。

「無料コンサル」にご用心

一口にコンサルといっても、背景にあるビジネスが何なのか等によって種類は様々で、得意分野も異なります。注意したいのが、医療機器卸しなどの業者系コンサル。さらには、彼らがうたっている「無料相談」です。

無料で開業の相談に乗ってもらえる……こう聞くと、初めての開業で不安を抱えたドクターとしてはつい飛びついてしまうかもしれません。しかし知っておいてほしいのは、業者系のコンサルは必ず、コンサルの先にある「本業」に結びつけるために無料相談制度を設けているという実態です。

どういう意味かというと、たとえば医療機器の卸業者系のコンサルに無料相談に乗ってもらう場合、そのコンサルの最終目的は100%、相談者であるドクターに自社から医療機器を買ってもらうことなのです。さらに、業者がコンサルティングにかけた費用は、購入した医療機器の価格に上乗せされます。つまり、無料相談をアピールしていても実質的には無料ではなく、そのうえ結局は医療機器を不透明な価格で買わされるはめになってしまうのです。

この仕組みは医薬品系のコンサルでも不動産系のコンサルでも一緒で、彼らは必ず、最終的に自社の商品をドクターに売るために無料相談で客集めをしています。純粋に経営のノウハウや知識を授けてくれる存在にはなりにくいのです。

なお、ステップ1で述べた、当てにならない診療圏調査を私に出してきた2社のコンサルはいずれも業者系でした。もちろん業者系のなかにも良いコンサルはいるでしょうが、無料相談をやっているコンサルは裏にカラクリがあるだけでなくコンサルティングの質のほうも知れている、というのが私の正直な感想です。そもそも業者系コンサルはコンサルが本業ではないわけですから、致し方ないところかもしれません。

加えて、これは私の主観ではなく一般論として、業者系コンサルは知識の守備範囲が狭いです。開業のトータルコンサルティングをうたっていても、業者の得意領域以外は大まかな知識しかなく、口癖は「それぞれの専門領域は提携するプロフェショナルを紹介します」です。要は自社のスキルで対応できない部分をほかの業者に投げるわけで、それでそもそもコンサルティング業として成り立っているのかという疑問が生じます。

コンサルに不信感を持つドクターが多いのは、このような名ばかりコンサルが業界に多い実態も少なからず影響しているでしょう。

開業までのコンサル、その後の経営も見据えるコンサル

前項の内容を踏まえると、頼るべきコンサルは俄然、コンサル専業で事業を行なう会社あるいは個人になります。

ただし、コンサル専業のコンサルも一様ではありません。コンサルにも大きく分けて、

「開業特化」のコンサルと「開業後の経営も見据える」コンサルがいるのです。

開業特化のコンサルは、文字どおり開業支援に特化しています。資金調達や医院を作る物件探し、初期スタッフの採用など、医院経営をスタートさせて動かしていくサポートのプロフェッショナルです。

多くの医院の開業を見てきたコンサルであれば失敗事例も豊富に知っているので、新人院長が陥りがちな落とし穴について適切にサポートして、開業初動のアクセルをふかすエスコートをしてくれるでしょう。

それに対し、開業後の経営も見据えるコンサルが請け負う領域はより本質的です。資金調達や採用などの実務的なアドバイスもさることながら、「経営者としての心構え」「長期的な事業計画」「スタッフの定着と育成」といった長期的な観点からアドバイスをしてくれます。後のステップで詳しく解説する、医院経営で最も重要な「理念」についてもサポートしてくれるケースがあるようです。

開業特化コンサルとその後の経営を見据えるコンサル、ここまでの説明だけだと後者のほうが魅力的に思えるでしょう。ただ、実はどちらも一長一短です。正確に言うと、院長のタイプによって適したコンサルは異なるのです。

具体的には、開業が軌道に乗ったら後は自由にやらせてほしい、という院長の場合、開業特化の支援だけをコンサルに相談して、後は一人で経営に取り組んだほうが良いでしょう。そういった院長は、開業がうまくいった後の経営にあれこれ口を出されるとストレスを感じる傾向にありますし、多くの場合はもらったアドバイスを聞きません。

さらに、経営には他者の意見を挟まないトップのワンマンによってスピード感が出てくる側面もあります。京セラの稲盛和夫さんしかり、ダイエーの中内功さんしかり、リクルートの江副浩正さんしかり、一代で大企業を築きあげた創業者は基本的にワンマン経営者です。偉大な創業者が他人の意見をまったく聞かない人だ、というのはよくあるエピソードで、独断専行でどんどん経営を推し進める組織の創業期に、あれこれ意見するようなコンサルの介在は向きません。

しかし、自分は強烈ワンマンの医院経営をやるつもりはない、というドクターであれば、開業だけでなくその後の経営も長期的にサポートしてくれるコンサルに依頼したほうが良いでしょう。なかには医院開業後の黒字化をもって料金の全額を受領するという成功報酬型のコンサルもいるので、そういったコンサルであれば長期的な医院経営の伴走者として期待できます。経営スタイルに正解はないので、自分のやりたい経営に合ったタイプのコンサルを選ぶのが賢明です。

ただし、その後の経営を見据えるタイプの優秀なコンサルは希少です。実務的な知識より経営に関する本質的センスが必要になるコンサルスタイルなので、当然、適任者は少なくなります。

コンサルタントのほとんどはサラリーマンコンサル

コンサルを医院開業で活用する場合に注意したいのは、コンサルの質とは会社単位でなく個人単位で決まる面がとても大きいことです。大きなコンサルティングファームに所属しているコンサルタントであっても知識不足・実力不足なパターンは往々にしてありますし、たとえ零細ファームの担当者であったり個人事業のコンサルであったりしても、なかには非常に優れたコンサルタントが存在します。

もちろん、実績のあるコンサルティングファームは調査やシミュレーションのためのツールを多く持っており、ファーム内の成功事例などの情報やノウハウをコンサル活動に生かせます。その点は小さなファームに比べて有利でしょう。

しかし、ファームが持っている力など、実際に医院開業にあたる現場においては些末な要素です。コンサルが開業医のベストなパートナーになれるのかどうかは、担当コンサルタントの頭の中にある知識、院長に的確な提案をできるビジネスセンス、仕事への取り組み姿勢といった、属人的な要素によってほぼすべてが決まります。

私が開業時に様々なコンサルタントと接したなかで強く感じたのは、大きなファーム所属のコンサルタントほど経営について全然わかっていない、という実態です。経営学やマーケティングについての学術的な知識は豊富でも、なんというか経営者の感覚をまったく理解していないのです。

たとえば患者さん集めひとつとっても、サラリーマンコンサルのアドバイスからは真剣味をまったく感じません。いくら「患者さんはこうやって集めましょう」と提案してきても、コンサルの彼ら自身が、自分の生活を賭けて顧客集めに奔走する意識で仕事をした経験がないので、発言に血が通っていないのです。

経営者の死活問題である資金繰りに関する相談にも、どこか本気度に欠けた態度を取られる場面が数多くありました。資金がショートすれば医院がつぶれて従業員や患者さんに大きな迷惑がかかり、膨大な借金が院長個人に残されてその後の人生が破綻するという、経営者特有のひりついた危機感を共有してもらえないのです。コンサルは経営のプロであるのにもかかわらず、意識面でまったく経営者寄りでないコンサルタントはとても多いように思います。

逆に、自ら独立してコンサルティングに取り組むコンサルは、信用できる傾向にあると思います。彼ら自身が経営者ですから、同じく経営者である開業医とは俄然話が通じるのです。わざわざサラリーマンとしての立場を捨て去って独立している人たちなのでガッツがありますし、一件一件の顧問先から受け取る顧問料がどれだけありがたい売上なのかを骨身に染みてわかっています。コンサルに対する本気度が違いますし、同じ経営者の立場として痒いところに手の届くようなコンサルティングをしてくれるのです。

当然、個人コンサルのすべてが優れたコンサルというわけではありませんが、やはり経営者の悩みは経営者が一番よくわかっています。

私が依頼しているコンサルは独立して個人で事業を営むコンサルですが、私が悩んでいる問題を先回りして言い当ててくれるくらい、経営者の気持ちをよく汲んでくれます。私との意識のズレを感じたりアドバイスに不足感を覚えたりしたシーンはまったくなく、大変頼りになるコンサルです。

良いコンサル、悪いコンサル

経営者感覚の理解以外にも、良いコンサルの条件があります。読者の先生方がコンサルを選ぶ際の参考にするためにも、いくつか私見を述べましょう。

・レスポンスが早い

クライアントである院長が質問の連絡をコンサルに入れた際や、面談においてコンサル側に宿題や確認事項が出た際など、レスポンスが早いのは良いコンサルの必須条件です。

どんなコンサルも忙しいものでしょうが、日中のメールならその日のうちに返す、夜中にメールしたとしても翌日の昼くらいまでには返事が来るのが最低限でしょう。

これは単純に返事が早い相手はありがたいという意味だけでなく、レスポンスの早い人はすべてにおいて仕事ができる人である確率が高いという、私の経験則も根拠です。今時、よっぽどの理由がなければ仕事の連絡を一日中確認できないような状況はありません。ほかの仕事に手を取られて連絡が確認できなかったというのなら、その人の業務処理能力が疑われます。

だいたい連絡を返さない理由など、質問に対して知識不足で答えられない、自分の理論の痛いところを突かれて面倒臭く感じている、あるいはただサボっていた、というぐらいしかないものです。

経営の悩みはすぐに答えが出なければ致命的な事柄がたくさんあるので、その辺りの事情も理解したうえで、どんな問い合わせにもすべてスピーディーに対応してくれるコンサルであれば、信用できるパートナー足りうる可能性は高まるでしょう。

・意見の根拠が明確である

経営における判断に、どんな状況にも通じる正解などはありません。そのときのあらゆる状況を鑑み、選択肢を導き出し、一番マシと思える決断に踏み切るのが経営です。だからこそ重要なのは、経営判断の重要な根拠たるコンサルの意見が、きちんとしたその人なりの根拠に基づいているかどうかです。どんなにそれらしい意見であっても、「なぜそのような結論になるのか」が具体的になっていなければ、大事な経営判断の材料にはなり得ません。

逆に、院長としてコンサルの意見に対して「根拠を聞きたい」と感じないのであれば、意識を改める必要があります。コンサルはあくまで相談相手ですから、院長が難しい判断を丸投げする思考になってしまっては、開業はうまくいきません。とことん突き詰めて議論してください。

院長が意見を聞いて、思わず感心してしまうロジックができているぐらいのコンサルを選んで依頼するようにしましょう。はっきり言えば、そこに感動がないコンサルであればすぐ、ほかの人に替えたほうがいいと思います。

・ドクターに考えさせてくれる

どんな質問でもたちどころに答えてくれるコンサルこそ、優秀なコンサルである……そう思われるかもしれませんが、実は違います。経営には、必ず経営者自身で考えなければいけない事柄があるからです。

たとえば、「理念」。理念は、必ずドクター自身で考えなければいけません。「理念は何にすればいいですか?」などとコンサルに相談して理念を考えてもらうのは言語道断ですし、万が一それで代わりに理念を考えてくるコンサルはまず信用できません。理念の重要性を理解していない証だからです。

なぜ理念をドクター自身が考えなければならないのかについては、次のステップ3で詳しく述べますが、簡単にいうと、理念とは院長の価値観に基づく経営指針なので、自分のなかから生まれ出た理念でなければ院長自身も守れないのです。

もちろん、初めての開業では、何を院長自身が考えなければいけないのかは明確でないはずです。望ましいのは、質問をした際に、「○○については、このようにするのが良いと思います。ただ、××については院長ご自身が考える必要があります」など、切り分けてきちんとドクターに投げかけてくれるコンサルです。

当然、前述のとおり、それにあたっての根拠も明確に説明してくれるコンサルに依頼しましょう。

具体的には何をしてくれるのか？

コンサルがどのようなサポートをしてくれるのかについて、いくつか具体例を紹介しましょう。

まず、診察を除いた経営者の事務的な仕事については、良いコンサルであればフルに手伝ってくれるはずです。たとえば、開業にあたっては様々な書類を役所に届け出る必要があります。届け出る書類は項目が細かく、記入作業はとても煩雑です。

さらに面倒なことに、開業の手続きを自分でやった場合、役所へ自分で書類を提出しに行くうえ、不備があって再提出する必要が生じればまた役所に出向かなければなりません。往復に時間がかかる役所に何度も行かなければいけない可能性があり、そうなれば大変な手間です。
開業手続きを代行してくれるコンサルであれば、こういった書類の記入から提出は、すべて代わりにやってもらえます。コンサルは経験豊富ですからミスして差し戻されたりもしないので、効率的に開業手続きが進むのです。

さらに、医院を開業する物件を決める際の不動産会社対応も、私の場合はサポートしてもらえました。

不動産を契約するための手続きは非常に面倒で、契約書は業者から説明を受けてもよくわからない内容が多いです。契約者であるドクターにとって不利な内容が契約に入っていたとしても、不動産の素人であるドクターが気づくのは難しいでしょう。不動産会社との対応や契約書の確認もコンサルがやってくれるのであれば、ドクターとしては安心です。

ほかには、これも私の場合ですが、融資を得る際の金融機関対策を一緒にやってもらえたのは大変ありがたかったです。金融機関に融資を申し込みするには、医院の現状の経営状況や調達したい資金の金額、その資金を計算した根拠、さらに将来の事業計画に至るまで、その金融機関の書式を守って詳細に記入しなければいけません。もともと企業の経理仕事をやっていたのであればともかく、ドクターはそうではありませんから、こういった金融機関対策は重い負担になります。私も含め、その手の仕事が一番苦手だ、という先生は多いのではないでしょうか。

こうした融資申請用の書類を、可能な部分までコンサルに作成代行してもらえると資金調達が楽になり、ひいては医院の資金繰りを改善することにつながります。院長は肝心《かんじん》要《かなめ》の、借りたお金をどう戦略的に使うか、という大枠の計画立てに集中できるのです。

なお、融資を申し込む際の、金融機関との面談にもコンサルが同席してくれる場合があるようです。近年では金融機関からの融資は締め付けがきつくなり、医療機関であるからといってやすやすと多額の借り入れができるような状況ではないようですから、援護射撃してくれるコンサル同席で金融機関面談ができるのは大きな助けになるでしょう。

もちろん、それぞれのコンサルによって、どこまで代行やサポートをしてくれるのかは異なるでしょう。ここで説明した内容はあくまで一例ですので、実際に読者の先生が開業コンサルを探す場合は、本書の例を参考に、自分としてどこまでサポートを得られれば満足なのか、という基準に沿って判断してください。

コンサルはいつまで依頼すべきか？

実際に開業を経験してみると、院長自身にとっていつまでが開業期か、という判断は難しいものです。私自身、客観的な経営数値から見れば開業に成功したと言えるようですが、「このタイミングまでが開業期だった、それ以降が安定期」といった感覚的な区分けはできません。開業準備から現在に至るまでずっと地続きのイメージです。

したがって、開業コンサルとの契約はいつまで続ければいいのか、というのも院長が判断すべき事項です。

開業コンサルの側からすれば、開業の実務が終わったらそのプロジェクトはいったんおしまい、として離れたい意識が働きます。開業のコンサルと医院経営のコンサルは似て非なるものだからです。

業者系のコンサルは、医院が開業したらすぐに手離れしたがる傾向がより顕著です。不動産購入や設備導入など、業者のビジネスに紐づく開業の実務が終わってしまえばその医院からは基本的に大きなお金の取りどころがなく、顧客としてのうまみに欠けるからです。

さて、開業が終わったら手離れよく次の開業プロジェクトに移行したいコンサル側の事情はありますが、私見を言えば、開業してから少なくても数年間はコンサルについてもらうほうが良いと思います。前述のとおり開業からその後の経営とは地続きで、「これは開業にまつわる悩みで、これは開業後の悩み」と明確に線引きできる課題はむしろ少ないからです。

あらゆる経営相談を持ちかけるうえで、開業準備段階からの医院の状況をよく知っている開業コンサルは適任者になります。

加えて、パートナーなしでは次第に、経営者としての仕事への取り組み姿勢は甘くなってきてしまうもの。人間ですから慣れによって弛んでしまうのは仕方ありません。問題に対して常に複数の解決策を検討し、適切な調査を行ない、スケジュールを立ててそれを守らせて院長をコーチングしてくれるコンサルの存在は、開業から時間が経てば経つほどありがたく感じるはずです。

もうひとつ、コンサルには院長の「グチ聞き役」という側面もあると思います。冗談のようですが、院長にとってグチ聞き役は非常に重要です。

なぜなら、実際に医院を開業するとすぐに実感できるでしょうが、経営者とはとても孤独だからです。スタッフの働きに不満があっても、みんなのモチベーションや組織の雰囲気を考えるとすべてを口に出すわけにはいけません。本当は近い時期の資金繰りに大きな不安を抱えていても、スタッフに安心して働いてもらうために毎日笑顔で医院に出ていきます。

医療機器や卸などの業者に対しても、「医院の経営がまずい」と思われればおかしな噂になりますから、経営の実情など打ち明けられるはずもありません。

そうして、経営者になると表面上言っていることと内心で考えていることがまったく違う、という生き方をせざるを得なくなり、本音は誰にも言えなくなります。とても疲れます。

そんなとき、唯一本音でグチのひとつも言えるのが、開業期から医院の経営を見守ってきたコンサルなのです。優秀なコンサルは経営者の孤独さをよくわかっているので親身になって話を聞いてくれますし、外部に情報を漏らしたりはしません。

こうしたグチ聞き役としてだけでも、開業後しばらくコンサルと付き合い続ける価値は十分にあると思います。どうしても開業コンサルにその後も依頼を続けるのが難しければ、別に医院経営のコンサルを雇ってもよいでしょう。

開業成功へのステップ 3

バリバリ働くスタッフ選びと「理念」の共有

医院経営は「ヒト」が最も難しい

続いて解説するのは、医院開業における人材の採用と、その後のマネジメントについてです。

経営には「ヒト・モノ・カネ」の3要素があるといわれますが、医院経営において最も意識して取り組むべきは「ヒト」の領域であると私は思います。「ヒト」の問題はほかの問題にもまして答えが一律ではなく、かつ、「ヒト」の部分で大きな失敗をしてしまうと、たちどころに医院経営が立ち行かなくなってしまうからです。

おそらく、読者の先生方が現在勤めている、あるいは勤めていた大きな病院においては、ヒトのマネジメントの問題を深刻に感じるシーンはそれほどなかったのではないでしょうか。

しかし、それは大病院だからこそ。ドクター、ナース、そのほかのいわゆるコメディカルのヒエラルキーが長い年月をかけて形作られており、それぞれの担当範囲が明確で、組織体制に基づいて秩序立ってスタッフが動く仕組みができあがっているからです。あまりにもヒトに関する問題が目に余るようなら、上司に相談して人事異動などで改善してもらうこともできたでしょう。

基本的には、ドクターは些事に気を取られずに本業である医療に集中できるよう、システムが作られていたはずです。

ところが小さなクリニックでは、ヒトの問題は大病院ほど簡単に解決できません。開業当初のスタッフ数はせいぜい10人といったところですから、たとえばナース一人が院長に反抗的で指示を聞かない、という状況が発生しただけで診療のオペレーションに大きな悪影響を及ぼします。

だからといって、院長と気の合わないスタッフはどんどん冷遇して辞めてもらい、新しいスタッフに入れ替えていくというのも得策ではありません。新規開業の医院はどうしても業務のマニュアルや業務分担の範囲が明確でなく、スタッフ間の阿吽の呼吸で診療を回していく部分が大きくなりますから、新人ばかりのチームでは日常業務で齟齬が多発してしまうのです。

そうして、ヒトの問題を根本解決しない医院に待ち受けているのは、スタッフの大量離職という悲劇的な結末です。

実は医院の開業において、開業から1年以内に最初のスタッフが全員辞めてしまって閉院せざるを得なくなるケースは珍しくありません。様々な医院のパターンを見聞きした私の感覚からすると、スタッフの大量離職は開業失敗の理由で一番多いように思えます。

せっかく開業した医院を、スタッフが辞めてしまって閉めざるを得ないというのは、私も経営者として想像するだけで精神的にこたえます。院長とスタッフが一丸となって一生懸命頑張っても、売上が足らずに挫折したというのならともかく、スタッフの大量離職というのははっきりとした「院長に対するNO」です。間違いなく、院長は経営者として全人格を否定された気持ちになることでしょう。

そんな悲劇的な結末を迎えないために、開業医は勤務医時代の「ヒト」に関する意識をガラッと変え、小さなチームのリーダーとしての姿勢で採用やマネジメントに取り組まなければならないのです。

求人広告の費用対効果を最大にするコツ

現代の採用では、インターネットを通じた求人で人を集める場合が多くなります。その傾向は一般的なビジネスだけでなく、医院経営でも同様です。

医療関係の求人の場合、まず判断すべきは医療特化の求人媒体に広告を出すのか、医療関連の求人も扱う総合求人媒体に広告を出すのかです。ドクターはとかく「医療専門」といったキーワードに惹きつけられやすい性質がありますが、結論からいえば、広告を出すのは別に医療専門媒体でなくとも構いません。

私は開業からほとんど総合求人媒体に広告を出していますが、広告を出したのに募集が来なくて困ってしまうケースは一度もありませんでした。医療専門媒体は閲覧者数が少ない割に広告費用が高額な場合がありますから、いくつかのサイトを比較検討しながら費用対効果が合う媒体に広告を出稿すればいいでしょう。

なお、インターネットを通じた人材採用には、広告を出稿して閲覧者に募集してもらうタイプだけでなく、求職者との間に担当のエージェントがついてくれるエージェントタイプがあります。

ただ、新規開業のクリニックにおいてはエージェントを使って採用を試みる必要はありません。理由は簡単で、コストが高いからです。エージェントの料金は採用が決まったら支払う成功報酬で、相場は採用が決まった年収の20~30%。一人採用するだけで100万円以上のコストがかかるのが当たり前です。

新規開業のクリニックならば通常、わざわざエージェントを使わなくても人が集まります。新規開業のスタッフ求人は、求職者にとって魅力的だからです。

これはなんとなく想像ができるのではないでしょうか。仕事探しの際、既にできた組織に対して自分が馴染めるだろうか、という不安を誰もが感じます。読者の先生方も、もう忘れてしまったかもしれませんが、初めて研修医として病院に入る際には「先輩ドクターに可愛がってもらえるだろうか」「ナースとはうまくやっていけるだろうか」と不安になった経験があるはずです。

新規開業のクリニックであれば同僚みんなが新人になるので、できあがった組織に後から入っていく不安からは解き放たれます。新しいクリニックならば当然、外装や内装がきれいである確率も高いはずですし、同じような待遇だったら新規開業のほうが良い、というのは求職者にとって当然の感情でしょう。

したがって、求人広告を出す際も「新規開業」という点は大きく打ち出すようにしてください。

ほかに、インターネット広告以外でおすすめなのは、新聞の折り込みチラシで求人広告を出す方法です。折り込みチラシによる求人という手法は、意外に多くの院長が見落としています。今どき新聞など誰も読まない、という声もありますが、少なくとも2017年に私が開業した時点では有効な求人手段でした。

折り込み広告が素晴らしいのは、求人広告でありながら患者さん候補の目にも触れる点です。実際、私の医院にも、折り込み広告のスタッフ募集で開業を知って気になっていた、という患者さんは多数いらっしゃいました。

医院は広告規制が厳しくて普通の会社のような集客目的の広告を出すのがかなり難しいので、折り込み求人広告という形で医院の開業を一般の人に知らしめられるメリットはかなり大きいのです。

折り込み広告は媒体である新聞社に直接連絡しても、広告代理店に相談しても出稿できますし、費用はそれほど高くありません。

開業にあたって、ぜひ実行してほしい施策です。

以前の勤務先からスタッフを連れてくると失敗する

広告を出して募集を集めるほかに、医院に多い採用は、院長の知人を採用したり、紹介してもらったりする手法です。リファラル採用といいます。院長としても、勤務医時代に良きパートナーとしてうまくやっていたナースなどを医院に引き入れられれば安心でしょう。

ただ、気をつけてほしいのは、院長の勤務医時代の知り合いを採用すると失敗するケースが多いことです。なぜならば、院長の勤務医時代のつてを辿った人材は大病院勤務しか経験がない場合が多く、小さな医院ではうまく仕事ができないパターンも少なくないからです。

大病院と小さな医院では、スタッフが行なう仕事はかなり異なります。もちろんドクターの業務、ナースの業務、受付や事務の業務など担当職種は同様ですが、それぞれがカバーする仕事の範囲と業務の進め方が相当に違うのです。

このステップの冒頭でも少し触れましたが、大病院の仕事はスタッフそれぞれの担当領域や、治療全体の進め方が細かく区切られています。ナースであれば、ドクターAの担当として患者さんBを看護し、どのような指示があったらいつ動けばよいか、というところまで組織が決めてくれています。

現場でやる仕事はある程度定まっており、決められた業務をミスなく速やかにこなし、周囲の関係者とうまくコミュニケーションを取れるのが優秀なナースです。

一方で小さな医院のナースは、担当する業務の範囲がとても広く、しかも流動的です。院長は診察があるのですべて細かく指示ができるわけではありませんし、医院として正しい進め方が決まっていない業務も珍しくありません。

いきおい、ナースが自分自身で考えて判断を下さなければいけないケースが多くなるのです。
くわえて、小さな医院のナースは、治療行為以外においても院長の補佐役である側面が強くなります。大病院しか経験したことのないナースであれば「これってナースの仕事じゃないでしょ?」と不満に感じてしまうような雑用的業務も頻繁にあるのです。ナース以外の職種もしかりで、大病院に比べると小さな医院でははるかに柔軟で広範な仕事を求められます。

大病院勤務しか経験のないスタッフが実態を知らずに小さな医院にやってくると、こうした環境の違いにかなり面食らいます。何をすればよいのかがわからずに医院で立ち尽くしてしまったり、専門領域以外の動きを求められることに苛立ってしまったりと、結果的に医院にマッチせずに去ってしまう場合が多いのです。

大病院勤務のスタッフと小さな医院勤務のスタッフのどちらが優秀という話ではなく、それぞれはかなり違う現場なので、一概に医療機関の勤務経験があるからといってどこにでも適応できるとは限らない、という事実を知っておいてください。

ただ、小さな医院もいずれは仕組みを整え、どのような経験を経たスタッフであってもすんなり業務に順応できるようにしなければいけません。組織が未熟な小さな医院のスタッフには機転や気配りといった要素が多分に求められ、活躍できる人材はかなり限られるからです。

私の医院では、スタッフたち同士で話し合ってもらって業務マニュアルや診療上のルールを作成し、日々ブラッシュアップしています。現場のことは現場のスタッフが一番よく理解しているので、院長が勝手にトップダウンで仕事のやり方を指示するのよりも本人たちに考えてもらったほうがうまくいくのです。

面接試験で重視すべきポイント

前項で述べた内容にしたがい、求人面接の際には必ず、小さな医院での勤務経験があるのかを確認しましょう。大病院しか経験がない人だからといって必ずしも小さな医院に適さないわけではありませんが、あまり大人数を採用する余裕のない開業当初はある程度、経験によってふるいをかけたほうが無難です。

ほかに面接のポイントとしては、必ず「能力より人間性」を重視するのを鉄則にしてください。新規開業の医院は小さなチームですから、メンバー同士の人間関係がものすごく大事になります。極論をいえば、スタッフが退職する理由は99％が「院長が嫌い」か「スタッフの誰かが嫌い」のどちらかです。

特に医療従事者はそれぞれの専門領域のプロであって転職先はいくらでもありますから、気持ち的に不快感を覚えればすぐに辞めてしまいます。大病院のように、スタッフが有名病院勤めのブランドと待遇惜しさに我慢してくれるような幸運は、小さな医院では起こり得ないと認識しましょう。

逆に、小さな医院のスタッフに高度な医療をサポートした経験は必要ありません。人当たりの良さ、真面目さ、穏やかさといった人間性を面接でチェックします。2人目以降の採用であれば、既に採用を決めたスタッフと相性が良さそうかどうかも重要な判断基準になります。

とはいえ、人間性の判断はかなりの部分が院長自身の人を見る才能に依存します。簡単に面接術をテクニック化できるものではありません。求職者のなかには「面接巧者」とでも言うべき、面接で猫を被って良い人そうに振るまうことに長けた人間もおり、採用した人間が働き始めた後に化けの皮が剥がれるケースはよくあります。

ひとつの手は、依頼している開業コンサルに面接の同席をお願いすることです。初めて開業する院長よりもコンサルのほうがよほど面接に慣れていますし、求職者を見るポイントも心得ています。どの人物を採用すればよいか、客観的な目線でアドバイスをくれるでしょう。


ほかには、業者が販売している人物適性テストを求職者に受けさせるという方法もあります。面接だけでは多分に院長の感情が入ってきてしまいますが、テストは公平です。もちろん全面的に信用できるわけではありませんが、ひとつの参考にはなります。

ちなみに、テストを受けさせるのには、知り合いから「うちの引きこもり息子を雇ってほしい」といった断りづらい依頼をされた際に、「テストで落ちました」と言えば体良く断れるという、裏ワザめいたメリットもあります。

スタッフがついてくる院長、ついてこない院長

さて、そうして苦労してようやく、医院経営に必要なスタッフが集まったとしましょう。次に待ち受けているのは、採用したスタッフを医院にしっかり定着させるという課題です。その後の経営において、スタッフがついてくる院長と、ついてこずに離反されてしまう院長ははっきり分かれます。

まず、人を率いるのは難しい、という事実をしっかりと認識してください。

あえてこんなことを伝えるのは、ドクターとは「常に自分が正しい」と思っている人が多い人種だからです。難しい試験に合格して医学部に入学し、医学部生として同年代の羨望を集めながら6年間を過ごし、卒業後はドクターを頂点とする病院のヒエラルキーのなかでのみ生きていく……一般のビジネスのように顧客から反論されたりお叱りを受けたりするケースはほとんどなく、蝶よ花よの扱いを受け続けたドクターの多くには、ある種の万能感が醸成されます。他人は自分の言うことを聞いて当たり前、という感覚が染み付いてし

まうのです。

　そういった意識のままでは、新規開業の医院の院長は勤まりません。繰り返しますが、大病院と小さな医院は違うのです。スタッフはほかにいくらでも働き口があって、院長に無条件に服従することはありませんし、患者さんにとってもあなたはただの町医者です。ドクターといっても勤務医時代より発言の権威は格段に落ち、「この先生いやだな」と患者さんやスタッフに思われれば黙って別の医院に逃げられてしまいます。

　私が見てきた、スタッフの大量離職で開業に失敗したドクターのほとんどは、はっきり言って態度に問題がありました。大病院のドクターだからこそ大目に見てもらえた傲慢な姿勢がスタッフに嫌われ、逃げられてしまったのです。


　スタッフがついてくる院長になるためには、ドクターの特権意識を捨て、謙虚になることが第一歩です。スタッフへの高圧的な対応や一方的な指示は厳に慎み、柔らかい物腰で接するよう心がけましょう。

　くわえて、スタッフに頼まれた仕事は期日までにきちんと仕上げる、自分がやると約束した仕事は必ずやる、といった基本的な振る舞いの正しさを徹底してください。あまりにも当たり前のようですが、スタッフを見下した姿勢はそういうちょっとした行ないに如実に表れるのです。

たとえば、普段あなたは病院のスタッフから連絡をもらったり伝達事項のメモを残されたりした際、きちんと返事してお礼を言っているでしょうか。していないとしたら、心のどこかに「やってもらって当たり前」という気持ちが芽生えているサインです。

開業してからのスタッフに対しては、「勤務医時代の上司に対しても同じ対応ができるか」を意識するようにしましょう。それぐらい考えないと、ドクターの応対はついぞんざいなものになってしまいます。

スタッフは院長をよく見ています。「スタッフに注意したことを自分はやっていない」「偉そうに医療論を語るのにまったく実践できていない」……こういった、人としてかっこ悪い行ないは必ずバレてしまい、離反につながります。

特に、医院のスタッフは女性が多く、スタッフ同士はツーカーです。「口うるさく言い返す○○さんには何も言わないのに、気弱な××さんには当たり散らす」などと見られてしまわないよう、スタッフ全員に平等な対応を心がけなければいけません。スタッフの誰かに言ったことは医院の全員に知れ渡る、という前提で振る舞ってください。

しかし、これだけ言っても、意識に問題のあるドクターの9割は本人も気づいていませんし、人間性を直すのはかなり困難です。それでも、非常に重要なトピックとして本項の内容を伝えておきました。

スタッフマネジメント成功の秘訣

院長として上手にスタッフを統率するためには、日頃からスタッフをよく見ておかなければいけません。最近元気がなさそうだな、というスタッフがいたら、院長から声をかけて話し合いの場を設定してあげましょう。私の医院でも、スタッフがまだ10人くらいのときは定期的にスタッフ全員と面談を行なっていました。人間、よく接している人物には自然に好意が湧くもので、話す時間を意識的につくるだけでも院内の雰囲気が良くなります。

スタッフの誕生日にちょっとしたプレゼントをあげる、というのも良いかもしれません。そんなに高額なものである必要はなく、院長は自分のことを気にしてくれるな、と思ってもらえれば良いのです。

さらに、仕事中はあまりスタッフに細かく注文を付けないよう心がけましょう。私もいちいち人に口を出してしまうたちなので改善しなければと思っているのですが、人間はのびのびとこなせないと仕事のパフォーマンスが落ちます。うるさく言われると、スタッフは注意されたポイントと、怒られないようにすることだけを意識して仕事するようになり、本人の創意工夫は望めなくなるのです。

リーダーになると部下が思うように動いてくれないと悩む人は多いですが、そもそも100%院長の思いどおりに動いてくれるスタッフなど、いるはずがありません。せいぜい7割も期待どおりに動いてくれればそれで良い、というくらいに割り切りましょう。ドクターは完璧主義が多いですが、院長になったら周囲のスタッフを許す姿勢が重要になります。そもそも、他人をコントロールすることなどできないのですから。

どうしてもスタッフに注意しないといけないときも、言い方に気をつけましょう。まず、なるべくほかのスタッフの面前で叱るような形にならないようにしてください。人間は自分のメンツを潰されたと感じた途端に、一切の忠告もアドバイスもシャットアウトしてしまいます。

そして、苦言を呈す際には必ず、その人の普段の働きを労い、何か具体的な部分を褒めてから、「こういう部分を直せばもっと良くなる」という風に伝えてください。最近頑張っている、といった抽象的な表現でなく、その人の性質や良かったシーンを取り上げて説得力を出します。

部下へのフィードバックはそれ単体のテーマで書籍がたくさん出ているので、自分なりに勉強してみると良いでしょう。

面倒に思われるかもしれませんが、良いマネジメントはリーダーの細かな気配りの積み重ねによってのみ、成り立ちます。スタッフに長く働いてもらって医院の力を底上げするため、みんなが気持ちよく働けるように心を砕いてください。

準備が7割できたらまずスタートする

スタッフに完璧を求めたり、口うるさくしてしまったりする完璧主義の院長が同様に陥りがちなのが、何をするのにも100%の準備を求めてしまい、新しい取り組みをなかなかスタートできない、という状態です。

もちろん、準備は大切です。しかし、準備していて物事を始めていない間は、結果が出ることはあり得ません。極端に言えば、準備期間は何もしていないのと一緒なのです。そこは理解する必要があります。

たとえば、私の医院ではスタッフに自分たちの動きのマニュアルを作ってもらっていますが、これが院長から100点満点をもらわない限り院内に周知されないとしたら、どうでしょう。マニュアルなど、完璧に作るのはなかなか難しいもので、最初の状態から100%を目指していれば、いつまで経っても完成して実際に使用できる日は訪れません。

であれば、まずは7割ぐらいの合格点かな、と院長が思った段階で、いったんマニュアルを院内に展開して使い始める。そうすれば、ここが良い、一方でここは直したほうが良い、という「結果」が出ます。その結果に合わせて、マニュアルを使いながら徐々に磨き上げていくほうが、机の上で頭を悩ませながら完璧なマニュアルを仕上げようとするのよりも何倍も効率的でしょう。

近年、IT系を中心にしたビジネス社会において、「リーン・スタートアップ」という起業の考え方が定着してきています。

リーン・スタートアップとは、簡単にいえば「すぐ始めて、顧客の反応を見てすぐ改善する」という意味です。ソフトウェアなどの商品を、まずは最小限のコストと時間でリリースできる状態に仕上げ、実際に商品を販売し始めてから、顧客の反応を見て商品を改善していきます。

リーン・スタートアップの考え方が生まれた背景には、ソフトウェアはモノの実物と違ってリリース後の修正が簡単にできることと、ＩＴ業界の顧客の好みや市場環境が数ヶ月単位で目まぐるしく変わってくることがあるでしょう。


リーン・スタートアップは、日本の製造業における、徹底的に突き詰めて開発した商品を、完璧に仕上がってから満を持して発売しよう、という職人気質な文化とは相入れない考え方かもしれません。

ただ、私はこのリーン・スタートアップは、ものによってはジャンルを問わずに取り入れてよい考え方だと思います。繰り返しますが、何事も準備している間は絶対に結果が出ないからです。もし１００％を目指して何年も準備が続いている取り組みがあれば、小さな医院の経営のスピード感においては意義より無駄のほうがはるかに大きくなります。まず、やってみましょう。

しかも、仮に100％準備できたとして、実行して必ず100％の効果が発揮されるとは限りません。長い準備期間で方向性を誤ってしまっていたら、準備に費やした膨大な時間をドブに捨ててしまいます。

であれば、特にスタッフに任せて何かを始めてもらう場合こそ、「合格点くらいの仕上がりでとりあえずやってみる」という姿勢を持ったほうが良いでしょう。いつまでも合格できなければ、任せたスタッフのモチベーションも下がります。

開業はどの院長にとっても初めてですから、院長自身がわからないことも多いはずです。乏しい知識で無理に完璧を目指そうとするのより、スタッフと一緒になって日々改善していこう、と考えるほうがよほど建設的でしょう。

給与でどのようにスタッフのモチベーションを上げるか？

マネジメントの一要素であり、かつ非常に重要なのが、スタッフの給与です。どの院長も最初は、スタッフの給与設定に大いに悩みます。

私の医院の場合は、求職者の前職の給与を聞き、それと同じかやや良くするようにします。ただ、同じ職種を複数雇う場合は、給与が高いほうのスタッフに合わせてあげてください。

年齢や実務経験の差として説明がつくのなら良いのですが、同じ仕事をやって同じような成果なのに給与だけに差があると不平等感が生まれ、スタッフのモチベーションが下がります。給与の違いは、口止めしてもスタッフ間で必ず広まるものです。

スタッフが働き始めた後の昇給については、とにかく院内で「公平」に。「平等」ではありません。「公平」とは、働きぶりを評価してスタッフごとの昇給に差をつけることで、

「平等」とは個人間で差を付けずに一律で昇給することです。

「平等」な昇給の場合、評価が悪いスタッフもほかと横並びで給料が上がるので、結果的にスタッフ全体の生産性が下がります。神輿担ぎで担ぎ手の誰かが力を抜いてしまうようなものです。

「公平」を重んじ、評価の良いスタッフは昇給し、悪いスタッフはそれなりにするのが昇給のコツ。ただし、極端な差を付けないようにしましょう。世の中には一定数、客観的な評価と自己評価が乖離していて、悪い評価を「自分は頑張っているのに評価されない」と受け入れない人がいるので、評価によってあまりにも給与の差が大きいと不満が高まり過ぎてしまいます。

さらに、医院という特性上、営業マンなどとは違って能力によってそれほど成果の差は生じません。優秀だからといって毎年大幅な昇給を続けていたら、いずれ成果に見合わない給与水準になってしまいます。

なお、ボーナスについては、私の医院では業績が良ければ支給しています。単純に、スタッフに喜んでもらえるのが嬉しいからです。

ただ注意点は、ボーナスの金額は少しずつ上げていくこと。悲しいかな、経営者がどんなに必死になってボーナスの原資を捻出しても、もらうほうは一回もらえばそれが当たり前になります。ボーナスの金額が以前より下がると大きな不満を感じるのです。せっかくのボーナスがきっかけでスタッフのモチベーションが逆に下がることのないよう、金額は少しずつ上げていくのが良いでしょう。

経営状態によってボーナスを出せるか出せなくなるか不安になるのが嫌であれば、必ずしもボーナスを支給しなくても問題ないと思います。ただしその場合は、スタッフの月々の給与が、近隣の医院のボーナス込みの年収と比べて劣らないように設定しましょう。

ちなみにボーナスについてスタッフに「払ってあげている」という意識はくれぐれも持たないでください。ボーナスは、スタッフにとっては自分の働きに対して正当に支払われる感覚で、院長にボーナスを払ってもらっている、という気持ちではありません。

ボーナスの支給日にスタッフからお礼を言われないと怒り出すような院長がたまにいますが、それで怒られたスタッフは絶対に納得しないので、覚えておきましょう。

組織づくりで最も大切なのは「理念」

さて、ここからは、人材マネジメントと組織づくりにおいて最も重要な「理念」について述べます。

理念とは、医院としての「思い」を言葉にしたもの。いわば航海における羅針盤であり、院内におけるあらゆる判断の根本的な指針になります。

ひとつ、有名病院の理念の実例を紹介しましょう。慶應義塾大学病院の理念です。

慶應義塾大学病院の理念

- **患者さんに優しく患者さんに信頼される患者さん中心の医療を行います。**
- **先進的医療を開発し質の高い安全な医療を提供します。**
- **豊かな人間性と深い知性を有する医療人を育成します。**

・人権を尊重した医学と医療を通して人類の福祉に貢献します。

（慶應義塾大学病院ウェブサイトより）

医院の活動はすべて、これらの理念に則ったものでなくてはなりません。慶應義塾大学病院での医療は「患者さんに優しいか？」という物差しによって測られ、「人権を尊重していない」と判断されれば、それは慶應義塾大学病院にとってはダメな医療だというわけです。

理念なんて、大組織が掲げている形式的なお題目だ。そのように思われるかもしれません。体験談を紹介した梅木先生も、当初はそう思っていたようです。しかし、理念はむしろ、新しく立ち上げる小さな組織にこそ重要なのです。

いくら医療保険制度によって標準治療がある程度決まっていても、診療のスタイルは人それぞれです。薬を積極的に処方するのかなるべく薬は使わないのか、患者さんを医療側がどんどんリードして治療を進めるのか細かく意向を聞き入れながら治療するのか等々、ドクターによって「良い医療」はバラバラで、一定の正解はありません。

新規開業する医院には、それまで様々な環境でキャリアを積んできたスタッフが集まってきます。スタッフ個々人によって、「良い医療」の認識が異なるのです。認識のズレをそのままにして医院を開業してしまうと、院長とスタッフの思いがバラバラになってしまいます。スタッフとしては良かれと思ってやった行動でも、院長の方針とは真反対、といった事態が多発するのです。

だからといって、スタッフの細かい行動の一つひとつを、日々の診療の中で院長の思いに合った方向に修正していくのには相当な手間と時間がかかります。目的が達成されるのよりも、患者さんが離れたりスタッフが辞めたりして医院が崩壊してしまうほうが先でしょう。

したがって、新規開業の医院こそ、院長の思いを理念として言語化し、スタッフに共有する必要があるのです。私が開業したときには、オープン前のスタッフ研修で理念に関する研修を行ないました。

研修では、最初に理念の重要さを院長の私から語っています。医院とは大人数が乗っているボートで、左右の漕ぎ手が同じようにオールを漕がないとボートは前に進めない。一定のペースでボートを前に進めるためにはみんなで掛け声をかけて動きを合わせなければいけない、その掛け声が理念だよ、というふうに説明したと思います。ボートのたとえは私のオリジナルなので、読者の先生方にとってもっとしっくりくる説明があればそれを用いてもらえれば構いません。

その後、A４用紙5ページくらいにわたって、医院の理念と考えうる行動事例の説明シートを作り、スタッフに共有しました。口頭だけの説明ではダメです。また、一回の研修だけでスタッフに理念は浸透しません。

医院内に理念を浸透させるコツについては、後ほど詳しく説明します。

院長の人生を振り返れば医院の理念が浮かび上がる

では、かくも重要な医院の理念は、どのように作ればよいのでしょうか。

絶対にやってはいけないのは、ほかの医院の理念から引っ張ってきて形だけの理念を作ることです。なぜなら、ほかの医院の理念をパクってきても、それは院長の考え方を反映したものではなく、理念を実践することが絶対にできないからです。
院長自身が自発的に実践できる理念でなければ理念の存在意義がありませんし、いくら言葉だけかっこ良くてもスタッフには伝わりません。院長が自分で考えた結果としてほかの医院と被るのは問題ないですが、パクリはＮＧです。

医院の理念を作るには、院長が自分の人生を深く振り返ってみるのが一番の近道です。

あなたは、どんな子どもでしたか？
何に喜び、何に怒っていましたか？
高校に進学する際はどういった基準で志望校を決めましたか？
医学部に進んだ理由は？
今の診療科をなぜ選びましたか？

自分にこのような問いをぶつけてみると、いくつかのキーワードが共通して出てくるはず。それがあなたの人生に通底する価値観であり、医院の理念の種になるのです。

少々、自己啓発セミナーめいた話になりました。私自身の例を通じてもう少し具体的に説明しましょう。

私は小さい頃から、人に何かをしてあげて喜ばれたり、笑わせたりするのが好きでした。中学校のとき、学年主任の先生から「面倒見が良い」と評価されたのをよく覚えています。確かに、勉強がわからない子に教えてあげたりすることを自然にやっていましたし、それで役に立つ、相手に喜ばれるのが嬉しかったです。ドクターになったのも、他人を助けて喜んでもらうために医療という行為が一番イメージしやすかったからです。

ドクターになってからも、患者さんに「ありがとう」と言われたり笑ってもらったりするのが嬉しいと心底思います。これから私の医院がさらに拡大したら、だんだん仕事のうちで経営業の比重が大きくならざるを得ないのかもしれませんが、たとえ週に数回だけでも診療には出続けようと思っています。

診療という、患者さんに目の前で喜んでもらえるおいしい仕事をほかのドクターに取られるなんてずるい、という気持ちがどこかにあるからです。

そんな経験を振り返って導き出された医院の理念が、「喜びと笑顔あふれるクリニック」です。常に患者さんに喜んでもらうことを一番に考えよう、という方針が「喜びと笑顔あふれるクリニック」という理念で表され、医院のスタッフすべての行動指針になっているのです。

「喜びと笑顔あふれるクリニック」の理念自体は、特に良くも悪くもないと思います。この理念自体の是非について論じたいわけではありません。

重要なのは、理念がここで述べたような私自身の人生経験から生まれているという事実です。大体似たような経験をしてドクターになった先生はたくさんいるでしょうが、私とまったく同じ人生を送ったドクターは存在しません。仮に同じ経験をしたとしても、そこでの感じ方は千差万別でしょう。

そんな唯一オリジナルの私自身から生まれてきた「喜びと笑顔あふれるクリニック」だからこそ、私の医院の理念として機能するのです。医院の理念を作成するのにあたっては、幼少期までの自分の根幹を掘り下げて考えてみましょう。思いついたまま、過去の経験やそこでの感想をメモに書き殴ってみてください。

理念はスタッフの邪魔になるところに貼る

理念は当然、作って終わりではありません。医院のスタッフが心から理解できるようになって、初めて理念が理念たりえます。

理念浸透の基本は、とにかく院長がしつこく語ることです。院内のミーティングの場で、必ず理念について持ち出すようにしてください。普段の診療のなかも含めて、何千回も伝えましょう。仕事のなかで何度も言われて初めて、「院長が最初に言っていたのはこういうことか」と腹落ちするスタッフが増えてきます。

口頭での伝達に加えて、理念の文言をスタッフに見せ続けるのも重要です。私の場合、開業したての頃は、理念を大きく書いた紙をスタッフのタイムカード打刻機の上に貼っていました。あえて、ちょっと打刻の邪魔になるような位置にしました。出退勤のときに必ず理念の紙を意識することになり、脳裏に刻み込まれるからです。

さらに、スタッフ用のトイレなど、ほかの事柄に気を奪われずに理念の文字を見ざるを得ないような場所にも、理念の紙を掲示していました。院内どこにいても理念に囲まれる、というくらいの環境を作らなければ、スタッフの心に理念は浸透しません。

なお、大病院などではよく理念をみんなで唱和する決まりを作っているところがありますが、あまり良くない手法だと思います。いくら唱和するうちに理念の言葉を暗記できたとしても、理念の本質を理解して行動に落とし込まれなければ意味がないからです。

何より、最近の人は特に、「みんなで大きな声でお題目を読み上げる」といった類の軍隊的な決まりごとをすごく嫌がります。唱和で形だけ理念を口に出したとしても、やらされている感がありありで、せっかくの理念に悪い印象が定着してしまうのが関の山でしょう。

読者の先生方にも、思い当たる節がある人はいるはずです。

そして、理念を浸透させるために何よりも大事なのは、院長自身が理念に則った行動を徹底すること。日々、「自分の行動は理念に沿っているだろうか」と問い続けましょう。トップは組織の理念の体現者でなければいけません。

理念が次第にスタッフに浸透してくると、院長の知らないところでスタッフが患者さんを喜ばせるような行ないをしていたり、院長の予想以上の嬉しい働きをしてくれたりするようになります。しかも、スタッフの離職も起こりにくくなります。

理念によって組織が自立的に動いてくれればくれるほど、院長が経営について考える時間が増え、次の攻め手を打つ余裕ができてくるのです。このように、理念は医院の発展を、直接的にも間接的にも促します。

医院開業において、理念の作成と浸透は最重要といっても良い要素なのです。

開業成功へのステップ 4

開業初日から繁盛医院にする「マーケティング」の方法

ただ開業しただけでは医院に閑古鳥が鳴く

タイトルに示したとおり、本書は「開業初日から医院を繁盛させる」ノウハウを記した一冊です。開業初日からの繁盛のために、ここまでのステップで示したような手順は必須ですが、直接の患者さん集めのためにとても重要なトピックがあります。それが、このステップ4で解説する「マーケティング」です。

新規の医院に、開業するだけで患者さんが殺到するケースはほぼなく、事前の入念なマーケティング活動が必須になります。その理由としては、次のようなことがあります。

理由①知名度がまったくない

ほぼすべての医院の特徴として、開業時の知名度が皆無である点があげられます。院長がよほど著名なドクターで、開業するという口コミが勤務医時代から勝手に世間に広まっていくのであれば話は別ですが、そんな医院はほとんどあり得ないでしょう。

飲食店などの場合、雇われ店長が自分自身のファンであるお客さんを独立後の店に呼び、友達が友達を呼んで繁盛店になっていく……というシナリオはあり得ますが、同様の成功を医院開業で再現するのは難しいでしょう。勤務医時代の患者さんはドクターについているというよりも、病院を信用してついているパターンが大半だからです。

さらに、保険診療の特徴で、大病院だろうが小さな医院だろうが治療費は同じ。できる治療の内容も、大差がないどころか、小さな医院は設備や人員などの問題でどうしても治療に限界が生じます。患者さんにとって、病院を辞めて開業したドクターの元に移っていくメリットがどうしても薄くなるのです。

結果、どんなに長い期間にわたって腕をふるってきたベテランのドクターでも、開業医としてはまったく知名度がない状態からスタートしなければいけない現実があります。

理由②あらゆる人が顧客対象になるサービスではない

コンビニやスーパーなど、ほぼすべての人が顧客になりうるような施設の開業であれば、立地さえある程度良ければ集客は予想できます。特に努力をしなくてもすぐ繁盛する場合もあるでしょう。

しかし、医院とは、当然ながら、道端で見つけてふらっと立ち寄るような施設ではありません。患者さんがその診療科に関する不調を抱えたタイミングで「整形外科に行かなきゃ」「耳鼻科に行かなきゃ」などと思い立ち、そこであなたの医院が思い出してもらえて初めて患者さんに来てもらうことができるのです。したがって、開業した医院を患者さん候補に「認知」してもらうためのマーケティング活動が必須になります。

理由③患者さんは既に競合の医院にかかっている

どんな診療科であれ、診療圏にいる患者さんは既にその診療科の、ほかの医院にかかっています。たとえ近隣に同じ診療科がなかったとしても、少し足を伸ばして遠くの医院に通っているでしょう。

したがって、新しく医院を開業するなら、患者さんが既にかかっている医院から乗り換えてもらわなくてはいけません。開業後に新しく発生する患者さんだけを狙っても、繁盛医院になることは叶わないでしょう。

患者さんに医院を乗り換えてもらうのは、簡単ではありません。大体の患者さんには、医院を換える理由がないからです。何度も診察してもらって自分の体のことをよくわかっているドクターをあえて換えようというのには、それなりの根拠が必要です。

乗り換えの理由で多いのは、今かかっているドクターに対する不満です。今の医院は最寄りの医院だから通ってはいるけど不満が大きい、という患者さんは意外に多いのです。そのような不満を患者さんが抱えているときに、「新しくできた医院にも一度行ってみようかな」と思ってもらえるだけの認知を得ることが新規開業には必要で、そのためにはやはりマーケティング活動が求められます。

以上のように、新規開業の医院は積極的に患者さん候補に認知してもらい、来院を促す取り組みをしなければなりません。

医院の工事中からマーケティングは始まっている

さて、それでは効果的な開業マーケティングの手法を、私の実際の体験を中心に解説しましょう。

前提として、医院のマーケティングのためには、診療圏を中心とした近隣地域の住民に、医院をいかに認知してもらうのかが重要になります。

よほど特殊で高額な治療を行なっていて患者さん候補が全国にいるのならば、全国に医院が知れ渡るような手法も意味があるでしょうが、大半の医院は近隣地域の住民だけに絞ってマーケティングすれば十分です。

逆にいえば、地元以外も狙う広告などは不要です。業者が勧めてきても、決して乗らないでください。

近隣住民への認知を図るマーケティング手法は、費用をかけずとも効果が期待できる工夫がいろいろと存在します。ひとつ、例を紹介しましょう。

通常、おおよそ開業の半年くらい前から、医院を形作るための工事が始まるはずです。建物を新築するのであれば土地ごと現場になりますし、内装だけであっても工事中ということはひと目でわかる状態になります。

私の場合、「○月にクリニックオープン！」といった具合の横断幕を作成し、現場の仮囲いに掲示しました。こうすることで、まだ開業していない医院でも、工事現場の近くを通りがかった人に対して将来オープンすると知らしめられたのです。

また、あえて最初の段階では、私の医院が整形外科である、という情報までは出さなかったのがポイント。最初からすべてをさらけ出してしまうと、見る側の興味はそこで終わってしまうからです。

意図して広告で伝える情報を隠すことで、見る側の好奇心を煽り、より印象付ける効果を狙います。

これは、広告の世界では「ティーザー広告」と呼ばれる手法です。ティーザー広告とは「覆面広告」ともいわれ、ティーズ（tease）とは「じらす」という意味。情報の一部を隠しながら小出しにしていくことで、受け手の興味を惹きつけられます。

私はティーザー広告の考え方を医院のマーケティングに応用し、工事が始まってしばらく経ったら工事現場の横断幕を「整形外科クリニック開業」に変えるといったように段階的に情報を公開していきました。ついでに途中で「スタッフ募集」という文言も付け加えましたが、メインの目的は採用ではなく地域の患者さんにクリニックを認知してもらうことです。嬉しいことに、スタッフの採用にもつながりはしましたが。

工事現場を使ったマーケティングの効果はてきめんで、開業後に訪れた多くの患者さんから、「あそこの土地にどんなクリニックができるんだろうと話題になっていた」と言ってもらえました。地域の人の興味を惹くことに成功したわけです。

圧倒的な効果を実現した集客手法

ステップ3の採用についてでも述べましたが、私はスタッフ集めと医院の集客を両立させるため、新聞の折り込みチラシを活用しました。

求人目的の折り込みチラシの施策に際して仕掛けを施したのは、2点。ひとつは、チラシの裏に医院の理念や自分の想いを記載し、求職者だけでなく患者さん候補にも魅力を感じてもらえるようなチラシにしたことで、もう1点は、アメリカの有名コピーライターの広告手法を真似たものです。

この手法はマーケティングを学んでいる方にはとても有名ですが、医療の世界ではあまり知られていません。そのため、ある意味「禁断の手法」かもしれません。

できればこの広告方法を具体的にお伝えしたいのですが、もしこの本を読んだ既存クリニックの先生がこの手法を真似て広告をすれば、これから開業を目指しているドクターに不利益になる可能性があります。真摯に開業を目指す先生だけと、直接、情報を共有したいと思います。

ご希望の先生は、遠慮なく巻末に記載した開業支援サイトのアドレスからご連絡ください。

この手法を使ったチラシを求人目的に使用した以外に、内覧会の案内にも使いました。

私は、整形外科専門医ですが、サブスペシャリティは関節リウマチです。クリニック名にも「リウマチ科」を入れています。

内覧会の告知広告は、一般整形患者向けのチラシとリウマチ患者向けのチラシの2パターンで構成しました。この2つの内容の異なるチラシを一斉に同一地域に配布するのではなく、その患者特性を考え配布エリアを分けました。

つまりA~Dエリアは一般整形患者向け、E~Gエリアはリウマチ患者向け、という具合です。このように綿密に計画して実行していけば、無駄な出費を抑えながら可能な限り高い効果を得られます。

また、その紙面の配置や文言は、コピーライティングの手法を十分に織り込むことで反応率を上げられます。

私がこれらの広告を作る作業をコンサルと一緒にしていたときに、有名家電量販店のチラシを見ても似たような配置で構成されていました。つまり「知っている人は知っている」のです。同じ広告費であればできるだけ効果の高いものを作ったほうが良いのは当たり前です。

しかし、開業前のドクターはそのノウハウを知りません。

効果的なノウハウを使って作り込んだ広告は「ドクターの分身」です。ドクターが何万人もの患者さん候補に1人ずつ挨拶をして自分の思いを伝えていくことなど不可能です。

しかし、この広告ならばドクターが診療していても手術をしていても食事をしていても、患者候補に「会って」「挨拶」をしてくれています。そして最終的には広告を握りしめて患者候補の人達が内覧会に出向いてくれます。

内覧会で院内を歩いているときに「先生に会いたくて来ました」「私も先生と同じ考えなんです」と、広告に書いていた内容と同じ言葉を発する「ファン」に何人も出会いました。こんな人がたくさん内覧会に来てくれたら開業初日どうなるか、もうお分かりですね。きっとうれしい悲鳴で、お昼ご飯を食べられない初日になると思います。

余談ですが、最近この「秘密」の広告手法で得られた効果をお話しします。受付、看護師、リハビリ助手などの補充をしようと、コロナ禍真っただ中の2020年の4月下旬に新聞折込広告を出しました。総広告費は約50万円。私のクリニックは印刷機（コピー機ではなく輪転機）を持っていて、この印刷機で数万枚の広告を自前で印刷します。上等なツルツルの紙ではなく普通の安いコピー用紙です。そのため、業者に頼むよりはるかに安価にチラシを作れます。広告のサイズや色なども綿密に計画して配布します。

私のクリニックは交通弱者の患者さん向けに自前の車で送迎も行なっています。求人広告なのに、あえて「送迎」をアピールする文言を目に付きやすい部分に印刷したら、〝配布当日〟からその「送迎」目的に新規の患者さんが数人ずつ来院されました。その効果は1ヶ月以上続き、約50名の新規患者が集まりました。そのおかげで広告費は十分にペイできたうえに、利益まで出ました。

本来は求人目的のチラシで患者が集まった副次的効果の一例です。

イベントを開いて地域に患者さん候補を増やす

地域の患者さんを集めるために有効なほかの施策としては、セミナーや内覧会といったイベントがあります。私が開業の際に開いたイベントをいくつか紹介しましょう。

・患者さん用の内覧会

私が開業した際には、オープン前に患者さん向けの内覧会と銘打ったイベントを開きました。開業前の医院に地域の人を招き、院長の私自ら医院のコンセプトや治療内容、医院の設備や人員などを説明するイベントです。

内覧会で特にメリットが大きいのが、医院の理念を口頭で、患者さん候補に印象的に伝えられる点です。おかげで、内覧会に来てくれた人は、かなりの割合で実際に患者さんになっています。

さらに、内覧会の告知という名目で、近隣にチラシのポスティングを実施できました。ただ医院が開業するという内容のチラシを入れても、「なんだ、宣伝か」と思われてしまう可能性が高いですが、内覧会の告知という理由を付けたチラシであれば商売っ気は薄れます。

それでいて、たとえ内覧会に来てくれないとしても、医院の認知という目的は十分に達成できるのです。私が開業した後も、内覧会には来ていない多くの患者さんから、「内覧会告知のチラシで医院のことを知った」と言ってもらえています。

・介護関係者向けの内覧会

患者さん向けの内覧会以外にも、ヘルパーさんやケアマネージャーさんといった介護関係者に、私の医院の開業を事前にチラシ配りで告知し、内覧会を実施しました。整形外科という私の診療科の特性によるものですが、介護関係者に医院を紹介しておくと、患者さんの紹介を受けられるのです。

通常、整形外科の医院で介護関係者向けの告知をするところは少ないですから、この内覧会の効果は大きかったです。介護関係者同士の口コミは侮れず、彼ら彼女たち向けの発信をしたおかげで医院の評判を高める助けにもなりました。

整形外科でなくとも、患者さんを紹介してもらえるような周辺業種の人々はいるはずです。そのような人たち向けの内覧会を開いて医院の告知を行なうのは、ひとつの有効な手法でしょう。

・タクシー会社でのセミナー

ほかには、タクシー会社に出向き、運転手向けに「腰が良くなるセミナー」を開きました。なぜかというと、タクシーの運転手は座りっぱなしの仕事なので腰を悪くする人が非常に多く、整形外科の患者さんになりやすいからです。セミナーはとても好評で、受講者のなかから何人か患者になってもらえました。

それだけでなく、「タクシーの運転手さんから聞いて医院を知った」という一般の患者さんが何人か来院されたのも、嬉しい誤算でした。タクシーの車内における雑談のなかで健康の話題になり、近くにいい整形外科の先生がいる、という風に私の医院を紹介してもらえたわけです。

このように、職業病で自分の診療科にかかる人が多い業種の会社や、他人との接点が多い仕事をする人たちにアプローチしてみるのも、ひとつの手でしょう。


内覧会やセミナーなど、イベントの種類は様々ですが、できる限り積極的にやってみるとよいと思います。イベントからすぐに患者さん増加につながらなくとも、院長が地域になるべく多く顔出しをすることが重要なのです。

次項で詳しく解説しますが、院長の顔や人柄が見える、というのは、患者さんが医院を選ぶうえでとても重要な判断ポイントになります。患者さんはどの医院でも治療のレベルはさして変わらないと思っていますから、院長の人柄を知っていて親しみが持てる医院を選びやすいのです。

人前に出て何かをするのはおっくうだ、というドクターが多いかもしれませんが、尻込みしたり他人任せにしたりせずに、自分の言葉で医院について語る機会を増やしていきましょう。

院長の個人情報を出す医院が患者を集める理由

突然ですが、質問です。ウェブサイトなどで院長のプロフィールを出す場合、重点的に記載すべき内容は何でしょう？

この質問、たいていの先生の答えは、「出身大学」「治療実績」などです。しかし、これらの答えは大間違い。一応、信頼性を担保するために最低限の経歴などは出す必要がありますが、患者さんはあなたがどこの大学の医学部を卒業していようとさして関心はなく、医学部の序列も知りません。

勤務医時代に難しい治療をたくさん成功させていようと、患者さんは自身の疾患に関係ない実績を医院選びの判断材料にしたりはしないのです。

学歴や治療実績よりも患者さんに伝えるべきなのは、ドクターの「個人情報」です。どこで生まれ育ったのか、家族構成はどうなっているか、どの辺りに住んでいるのか、血液型は、ペットの種類と名前は……このような、一見治療と関係ないようなドクターの個人的な背景をこそ、患者さんに伝えなければいけません。

なぜかというと、なるべく多くの個人情報を伝えることで、患者さんがドクターとの間に共通点を見出し、親近感を持ってくれるからです。患者さんは医療に対して無機質な印象を持っている人が多いので、たとえば「ペットは8歳のゴールデンレトリバー」「高校生の息子は受験が近いのに遊んでばかりで困っている」といった、ちょっとかわいい一面を患者さんに知らせてあげると、ドクターをグッと人間らしく感じてもらえます。

私の場合は、ずっと島根県で育っています。医院を開いている山口県との縁ができたのはドクターになった後ですが、そのストーリーを医院のウェブサイトや冊子で開示しているので、患者さんから「先生、私も島根なんです」と親しげに語りかけてもらえるパターンが結構あります。山口県は意外に島根出身の人が多いのです。

逆に、勤務医時代にどんな治療をしていたか？　といった、面接試験のような話題が患者さんとの間で交わされる場面は全くありません。小さな医院は患者さんとドクターの関係性が命で、ドクターを好きになってもらわなければリピーターにはなってくれません。自己開示してくれる相手、自分と共通点の多い相手を人は好きになるという法則は、心理

学的にも解明されているようです。
さらに、私の場合は院長の「顔が見える」クリニックにするための秘密兵器を仕込みました。似顔絵です（上）。

どうでしょう、ちょっと間の抜けた感じがなんとも親しみを呼ぶと思いませんか。上図のような似顔絵を、医院建設中の現場の仮囲い、ポスティングのチラシ、ウェブサイトなど、あらゆる場所に使いました。反響はとても大きく、新しくやってくる患者さんの多くが「似顔絵そっくりですね」と言ってくださいます。
この似顔絵が、私を美化した似顔絵であったり、スマートなタッチであったりしたら、それほど話題を呼ぶことはなかったはずです。私の見た目の特徴を誇張した、おもしろおかしいトーンの似顔絵であったからこそ、患者さんの心をつかんだのだと思います。ドクターはプライドが高いので自分をコミカルに扱うのは抵抗がある人も多いでしょうが、カッコつけは禁物です。

コンテンツは患者さん向けにも院内向けにも使える

院長の人柄を伝える内容や似顔絵などをアピールするためにぜひともおすすめしたいのが、医院独自の発信ツールを持つことです。

私の場合、開業準備の段階から「健康新聞」という冊子を作り、近隣の住宅にポスティングしていました。現在も定期的に更新して、院内で無料配布しています。

ツールづくりのポイントは、広告臭さを排除して、見て・読んで楽しい内容にすること。健康新聞の内容は、院長である私の季節の挨拶、ナースなどのスタッフの様子を伝える院内通信、腰や肩の痛みを改善するのに役立つ雑学などです。元患者さんで、医院の送迎車の運転手さんの釣り日誌を載せた号もあります。

あくまでも、医院の内部の様子を伝える情報や、悩みを抱える患者さんの困りごとを解決する内容に徹しており、来院を促すような文言は一切入れていません。ツールはあくまでもテレビや雑誌のようなメディアであって、広告っぽさが出ると受け手が一気に白けてしまうからです。

次の見開きに、私の医院の「健康新聞」の実物を載せました。参考にしてみてください。

開業成功へのステップ4
開業初日から繁盛医院にする「マーケティング」の方法

新入スタッフ紹介

仲野　ありか

１０月より、リハビリ助手として働かせていただいてます。

仲野ありか（ナカノ　アリカ）と言います。

コロナばかりで、何をするにも制限のかかる事が増えましたが、皆様に少しでも明るく元気を与えることができるように日々頑張っていきたいと思います。


１１月に入職しました。受付の十河圭子（トガワ　ケイコ）です。

2020 年はコロナで大変な年となりましたが、2021 年は皆さんとたくさん笑える１年にしたいです。

これからもどうぞよろしくお願い致します。

十河　圭子

本田　邦夫

１１月に入職致しました、事務長の本田邦夫（ホンダ　クニオ）です。

長門市より通っています。趣味はマラソンで、フルマラソン自己ベストは２時間２９分１９秒です。最近はあまり練習していませんが、足が痛くなっても名医（大野院長）に診てもらえるので、また本格的に始めたいものです。

私は、受付・診察室・リハビリと、いろいろな所へ顔を出しますので、お気軽に声をかけていただけると幸いです。

どうぞよろしくお願いします。


今年の１月より入職しました。理学療法士の本田正蔵（ホンダ　ショウゾウ）です。

福岡県で、約３年総合病院、約２年半整形外科クリニックで勤務していました。

九州外に出ることと、１人での生活が初めてなので、慣れない所があると思います。少しでも地域の皆様のお役に立てるように頑張りたいです。

本田　正蔵

コロナによる運動不足を自宅で解消

肩甲骨の運動

肩の痛みや**肩凝り**の方にオススメです！！
～運動方法～
①両肘を曲げて、肘で円を描くようにゆっくりと大きく回します。
②前方向、後ろ方向にそれぞれ５回回します。

※痛みのある方は、痛みの無い範囲で行いましょう。

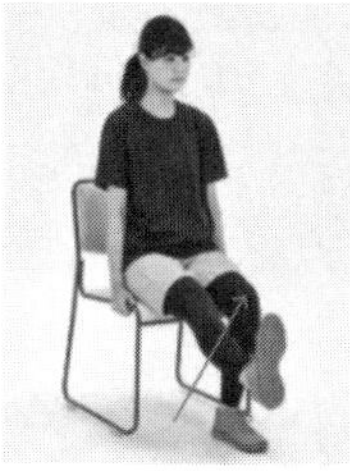

太ももトレーニング

椅子から立ち上がりにくい、階段の上り下りが大変になったと感じる方！！
～運動方法～
①椅子に座った状態で膝を伸ばせるまで伸ばしましょう。
②３秒かけてゆっくり伸ばし、３秒かけてゆっくり下ろしましょう。
④これを左右１０回行います。
ポイント：早くならないようにゆっくり行いましょう。

腹筋トレーニング

腰痛の方や運動不足による**お腹のたるみ**が気になる方！！
～運動方法～
①椅子に座った状態で、両手を胸の前で組み、両脚を持ち上げます。
②上げた脚を１０秒かけてゆっくり下ろします。
③これを３回行います。
ポイント：足は床から１０㎝ほど上がれば大丈夫です。

もっと運動が知りたい方はリハビリスタッフまで声をおかけ下さい！！

健康新聞には、2つの意義があると考えています。

ひとつは、患者さんとのつながりを強める役割です。健康新聞は無料で情報を発信しているので、来院した患者さんのうちかなりの割合で持って帰ってくれます。診察のなかで雑談として、健康新聞の記事が話題にのぼる場面もよくあります。

患者さんに医院について知ってもらえればもらえるほど、患者さんが親しみを持ってくれて、かかりつけの医院になれる確率が高まるのです。皆さんも、書籍を読んで著者のファンになった経験があるのではないでしょうか。良質で豊富なコンテンツは、受け手を発信者のファンにする強力なパワーを持っています。そんな大きなパワーを活用しない手はありません。

もうひとつは、スタッフのモチベーションアップツールとしての意義です。健康新聞を作るために、スタッフにインタビューをしたり記事を書いてもらったりしますが、彼ら彼女たちは新聞づくりの作業をとても楽しそうにやっています。

院内で配布する冊子といっても、新聞に取り上げられるというのはそれなりに誇らしい気持ちもあるようです。

加えて、健康新聞によってスタッフ同士が同僚の意外な一面を発見する効果があります。スタッフ同士がお互いをよく知ることで、チームワークがより強くなっていると実感しています。

ツールの作成は、コンテンツさえ作れれば、印刷までやっても費用はさほどかかりません。ちなみに、前述のとおり、私の医院では自分で印刷機を導入してコストダウンしています。いずれにしても、広告費よりはずっと安価です。手間はかかりますが、かなり効果的なマーケティング施策なのでやっておいて損はないでしょう。

なお、コンテンツ発信のため、ウェブを使う手もあります。院長ブログやスタッフブログ、医療コラムなど、紙のツールと同じような働きが期待できます。最近では、医院紹介や雑学情報などの動画を撮ってYouTubeで配信するといった工夫をしている医院もあるようです。

高齢者の患者さんが多い場合はやはり紙のツールのほうが効果的ですが、産婦人科や精神科など現役世代の患者さんが多い診療科では、ウェブ中心の施策のほうが効果的かもしれません。

目的に合わせたウェブサイトとSNSの活用法

ウェブの話題になったので、ウェブサイトの効果的な制作についても説明します。ウェブサイトにいくら費用をかけてどのようなサイトにするのかは、開業する多くの院長が悩むところでしょう。

なぜなら、ウェブサイトの制作には費用の相場というものがないからです。制作費用はページ数やデザイン性によって数十万~数百万円とかなり幅広く、素人には適正な費用感がわかりません。

私の思うひとつの指針は、ウェブサイトについては必ず制作したほうが良いが、かける費用は最低限度で構わない、ということです。あまりにクオリティの低さが目立つ素人のようなページであれば逆効果でしょうが、患者さんに見せるに足るような見栄えであれば十分でしょう。

新規開業の医院でも、アニメーションを多用したデザイン性の高いウェブサイトを制作している医院をたまに見かけますが、そうして数百万円をかけたウェブサイトが患者さん集めに貢献しているとはとても思えません。

気取ったページが必要なのは、センスや技術力、事業規模についてある程度はったりを利かせて大手っぽく見せたい、広告会社などのＢｔｏＢビジネスの企業サイトです。医院のウェブサイトは一般向けなので、そこまでの見栄えは必要ないのです。

患者さんは医院のウェブサイトに対して、自分の抱える不調を解決してくれるかどうかの判断材料しか求めていません。

むしろ、凝ったデザインは逆効果にもなり得ます。高齢の患者さんはウェブサイトがシンプルでないだけで脱落してしまいますし、デザインに凝れば凝るほど「得意な治療」「院長のプロフィール」「来院予約」などの最も重要なコンテンツに辿り着きづらいページになりがちだからです。医院のウェブサイトについては花より団子。見た目より実用性を求めてください。

私の場合は実はウェブサイト制作に費用はかけておらず、開業コンサルに顧問料のなかでやってもらいました。私のお願いしたコンサルは特にウェブサイト業者ではないですし、おそらく原価はかなり低く制作したのでしょう。しかし、仕上がりは必要十分を満たしていると思っています。ウェブサイト経由の来院も、目標とする件数をずっと達成し続けています。

ちなみに、ウェブサイトだけでなく、ＳＮＳで医院のアカウントを作ってページを開設しておいてもよいでしょう。私の医院は Facebook のアカウントを開設していますが、高齢の患者さんがけっこう Facebook 経由で医院を知って来院してくれます。Facebook は高齢のユーザーが多いようです。

なお、Facebook の投稿内容も、コンテンツ制作の原則に従い、広告っぽい内容は控えてください。診療科に関する一般患者の困りごとに寄り添うコラムとして記事を書き、投稿しましょう。

参考までに、主なＳＮＳである Facebook と Instagram、Twitter について、簡単に特徴を整理しておきます。

・Facebook

ユーザーはビジネスパーソン層や高年齢層が多め。文章による投稿を比較的しっかり読んでもらえる傾向にあり、整形外科や内科など、患者さんに語りうる内容が豊富で高齢者の多い診療科向け。

・Instagram

ユーザーは若年層中心、特に女性が多い。文章よりも写真の投稿がメインになる。産婦人科や美容外科の医院であればマーケティングの主軸になる可能性も。ただ、写真のクオリティが低いと発信が逆効果になる。

・Twitter

顔の見える発信が好まれるので、医院の場合は院長個人のアカウントとして投稿したほうが効果的。診療科を問わず使えるが、頻繁に投稿する必要があるため手間はかかる。炎上しやすいSNSであるため発信内容には注意が必要。

ただ、いずれにおいても、投稿の手間がかかるのは意識しておきましょう。あらゆるSNSのアカウントを開設してどれにも力を入れていくのは、小さな医院では難しいと思います。

アカウントが休眠状態で全然更新されていないようだと逆に印象が悪くなるので、投稿の手が足りる範囲で、自分の医院に合ったSNSに絞って注力してください。費用感が合えば、投稿の代行業者を使ってもよいでしょう。

しがらみを気にしたらマーケティングは失敗する

初期開業の医院がすぐに患者さんを集めるためのマーケティングについて、私に語りうるテクニックを述べてきました。

私の医院は開業初月から黒字を達成し、開業5ヶ月目には一日平均の患者さんが100人を超えるようになりましたが、このステップで解説したような、開業準備段階からのマーケティングなしにこの成果はあり得なかったと思います。

最後に、医院開業にありがちな「しがらみ」と、しがらみを乗り越えて開業を成功させる心構えについて述べておきましょう。

ドクターである読者の先生方はよくよく実感していると思いますが、医療界とはとかく、しがらみの多い世界です。閉鎖的で上下も横のつながりも密接。出る杭は打たれる世界です。開業すれば、そんなしがらみからは自由でいられる……そんな希望を抱いて開業を目指しているかもしれません。それは、半分は正解、半分は不正解です。

開業によって医療界のしがらみから解き放たれるかどうかは、院長のあなた次第です。大病院を辞めて開業しても、患者さんを紹介してもらう大学病院や地域の有力開業医、地元の医師会との関係性は続きます。儲かっている医院と思われれば、やっかみを買う場合もあるでしょう。

しかし、そんな医療界のしがらみを完全無視して、自分のあるべき医療に邁進できるのが、開業医でいる大きなメリットのひとつです。開業医が生き延びるために必要なのは、患者さんが自分の医院に来てくれて診療報酬が入り、医院の経営を継続できるだけの収入を得るという一点のみ。地域の顔役からどんなに嫌われようと、患者さんの満足だけを考えていれば医院の経営は継続できます。

むしろ、医療界のしがらみを気にして行動を控えめにしていたら、患者さんの印象に強く残るような治療・サービスは実現できません。

特にマーケティングにおいては、振り切った発信によって地域の患者さんから「ここはこんな医院で、こんな院長さん」とはっきり認識してもらうのが必須です。その目的のためには、患者さん集めにつながらない医療界へのおもねりは100％、捨て去るべきでしょう。

しがらみをものともしない院長こそが、開業に成功するのです。そして、しがらみを無視する感覚が板につけば、開業医という生き方は最高に楽しいものだと思います。

開業成功へのステップ　5

患者に最大限満足してもらい、利益を最大化する「保険診療」術

ビジネスモデルとしての「保険診療」

さて、いよいよ開業成功に向けた最後のステップです。「保険診療」という枠組みにおいて、患者さんを満足させながら適正な利益をあげるコツについて解説します。

保険診療というもの自体は、ドクターであれば誰でも知っているでしょう。しかし、経営者としての感覚を持って、病院の収益性を意識しながら保険診療に取り組んでいる勤務医は、ほとんど皆無のはず。

病院という組織自体が、ドクターはお金のことを気にせず医療に集中できるように作られていますから、当然です。

しかし、開業すると、勤務医としての感覚から、経営者として保険診療を捉えるマインドセットに切り替える必要が出てきます。実は、この部分は多くの開業医が挫折してしまう最大のヤマです。

経営者マインドに切り替えられないせいで、多くの開業医が、早朝から夜中まで忙しく働いたり、自分にとって最善の医療を提供し続けていたりするのに医院経営が赤字になる、という状況に苦しみます。そうして行き着く先は医院の破綻、あるいは諦めによる廃業です。

そうならないために、経営としての保険診療について述べましょう。ビジネスモデルとして見た保険診療の最大の特徴は、「値決め」が存在しない点。「この検査をやったら○点」「この薬を処方したら○点」といった具合に、医療行為それぞれの点数は制度の枠組みによって定まっており、点数に対して請求できる金額は一定です。

この仕組みは、一般の企業経営には類を見ません。およそどんなビジネスにも、自分が販売する商品やサービスの価格を決める、というプロセスが存在します。値段を安くして利幅を薄く取り、数を売って稼ぐのか、あるいは値段を高くして、それでも売れるよう他社との差別化を追求するのか……価格の設定によって、営業手法や研究開発手法などのあらゆる戦略が付随して変わってきます。

今を生きる伝説的経営者である、京セラ創業者の稲盛和夫さんは「値決めは経営である」という哲学を掲げていますが、それほどまでに商品・サービスの価格決定は重要な経営の本質的要素なのです。

もちろん、価格が一定であるという保険診療の特徴については、ドクターであれば誰でもご存じだと思います。しかし、開業医を実際にやってみないとなかなかわからないのが、保険診療は一定の価格でしかサービスを提供できない、つまり売上に上限があるという事実です。

どんなにたくさんの患者さんが医院にやってきても、当然ながら治療が無限にできるわけではありません。医院の売上をあげる治療行為は、院長をはじめとするドクターが物理的に時間を使って患者さんを診察すること以外では絶対にできないからです。一人の患者さんを診る時間をどんなに短縮したところで、早晩限界が訪れます。

しかも、診察時間を短くしようとすれば一人ひとりの患者さんに対する扱いが雑になり、患者さんの満足度が下がってしまうのです。そうすれば患者さんのリピートはなくなり、売上は先細っていきます。

だからといって、患者さん一人当たりの平均単価を上げようとして、点数の高い治療行為を無理にやろうとしてはいけません。身体的にも費用的にも患者さんの負担が大きくなりますし、同規模の医院と比べて過剰に売上が高いと、保険請求をジャッジする社会保険診療報酬支払基金から指導を受けてしまいます。

売上を高めるために故意に保険点数を引き上げていると基金から判断されれば、保険医の資格を停止されたり剥奪されたりするケースもあるのです。そうなれば、言うまでもなく医院経営は破綻します。

つまり、保険診療の医院経営においては際限なく患者さんを受け入れることも診療内容を大きく変更して単価を高めることもできず、一定の売上の枠組みのなかで収益性を高めるしか経営を改善する方法はないのです。

また、さらに重要なポイントは、医院経営の売上は全国どこでも、規模によって概ね同様であるのに対し、かかる経費は全国まちまちである点です。東京の銀座にあるテナントと田舎のテナントでは賃料が下手をすると10倍以上も違うでしょうが、保険診療であれば売上はどちらも変わりません。銀座の医院のほうが患者さんが集まりやすいとはいえ、家賃の差を埋められるほど売上に差が出ないのは火を見るよりも明らかです。

医院の賃料だけでなく、スタッフの人件費も院長の住居費も、都会はすべてが高額ですから、都心部に医院を構えただけで開業の成功は難しくなります。

都会の医院をよく見てみると、保険点数の高い施術に特化していたり、自費診療オンリーであったりする場合がほとんど。そうしないと経営が成り立たないのです。まれに、郊外エリアの本院で安定した利益を稼いで、院長の自己満足で都会の分院を構えているケースもあるようですが、経営のお手本にはなり得ません。

このように説明すれば誰でも、当然の話だと感じるはずです。しかし、その当然の話を忘れ、ただの見栄で高コストな地域に医院を開業し、経費で倒れてしまう院長は後を絶ちません。

医院の立地選びに限らず、保険診療の特性をよく理解したうえで開業戦略を練る必要があるのです。

保険請求のミスが致命傷に？

保険診療では、実際に診療報酬が入金されるまでのプロセスにも注意しなければいけません。

まず気をつけたいのは、診療報酬の請求から入金までのラグです。

医院では、行なった治療の点数をレセプトにまとめ、コンピューターで社会保険診療報酬支払基金に請求します。そして、入金は請求からおおよそ2ヶ月ほど先になるのです。

つまり、医院においては治療から売上が入るまでは2ヶ月以上も期間が空きます。請求の不備などで基金から戻しがあったりすれば、入金はさらに遅れるのです。場合によっては致命傷になります。

したがって医院の開業では、初月から黒字になったとしても、初月から入金があるわけではありません。病院で保険請求業務をドクターが行なうことは基本的にないですから、この入金の遅れはほとんどの人が、開業して初めて知るのです。

極端な話ですが、現金がゼロの状態で開業すると医院は初月に潰れます。数ヶ月分の経費を払えるだけの現金は、常に持っておかなければいけないのです。

保険請求のミスにも気をつけなければいけません。

たまにあるのが、診断した病名の抜け。高血圧の薬を処方したのに高血圧という病名を付けていない、といったケースです。病名がなければ、その分の治療は売上ゼロになってしまいます。

開業したては初めての作業ですから必ず間違いがあるので、保険請求には慎重に慎重を期してください。経営者として院長自身が保険診療のシステムを理解している必要があるので、レセプトを人任せにするのも最初は避けましょう。

ただ、どんな小さなミスでも問答無用でその分の売上がゼロになるわけではないので、安心してください。レセプトを最初にコンピューターで処理した後、基金の専門家がレセプトをチェックしてくれ、不備に気づけば指摘してくれます。請求をし直すチャンスがあるのです。基金も、新米院長には案外と優しくしてくれるように思います。

ただ、最初の優しさに甘えて適当に保険請求をやっては絶対にダメです。それで売上が減って困るのは院長自身。真面目に細かくやりましょう。

保険請求をはじめとした事務処理はドクターが最も苦手とするところですが、勤務医時代はいい加減にやっていた仕事を真面目にこなしてこそ、稼げる院長になれるのです。

レセプトをじっと観察すれば光が見えてくる

前項にて、レセプトを人任せにするのは避けるように述べましたが、それにはもうひとつ理由があります。レセプトを仔細に観察すれば、医院の売上を向上させるためのヒントを見出せる場合があるのです。

保険診療の売上には限界があるというのは既に述べたとおりですが、あくまで「限界がある」のであって、工夫によってまったく売上改善ができないわけではありません。同じ病気に対する治療であって患者さんの体への負担が変わらなくても、ちょっとした工程の見直しで利益を高める可能性があるのです。

もちろん、必要のない治療を売上欲しさにやってはいけません。患者さんにとって必要な治療をより良く行なうために保険診療のルールのなかで工夫するのです。

たとえば私の整形外科であったら、患者さんが希望する部位のレントゲンを追加撮影する、といった努力です。患者さんにとってメリットがあり、クリニックの利益もあがります。

このような工夫は、レセプトを穴が開くほどじーっと見ていると、ふとした瞬間に思いつきます。点数の工夫だけでなく、「よく見たら、この病気に対して効率の悪い治療をしていないか?」「勤務医時代と同じ薬を漫然と処方していたが、新しい薬に変えたほうが良いのではないか？」といった、診療の質をより高めるためのアイデアもレセプトから湧いてくるのです。

また無駄な病名がずっと残っていたりする場合は、都度都度整理する必要があります。保険診療の審査をする先生にとって、たくさんの病名が残っているレセプトを見るのは大変な労力を要します。「審査される側」も「審査する側」の人たちへの敬意と感謝の気持ちを持って、「審査をしてもらう」「見てもらう」という謙虚な気持ちでレセプトを作ることが大切です。

レセプトとは、言ってみればその医院の診療すべての成績表です。ベストな治療で適正な保険点数を請求するため、院長自身がレセプトを読み込む習慣を付けてください。

ちなみに、レセプト処理は外注もできます。勤務している病院に、ニチイ学館などの社員がいませんでしたか。彼ら彼女たちが、医療事務の外注スタッフです。医院の売上が伸びてきてレセプトが膨大な数になり、院長一人では捌き切れないような場合は、一部を外注するのも手でしょう。

ただし、外注はあくまで事務処理として正しい仕事をするプロであって、医療についての知識はほとんどありません。本項で述べたような、レセプトを読み解いての治療改善は期待できないと認識しておいてください。「こうしたら点数が上がる」といった提案はその人たちの能力によりますが、良い意見を聞ける場合もあります。

また、保険診療制度はずっと一律の基準ではなく、変更されることがあります。保険診療についてまとめた分厚い書籍が発行されており、2年ごとに更新版が発行されるので、面倒でも購入して、必要に応じて目を通すようにしてください。

書籍以外にも、最新の保険診療制度についてのセミナーが開かれていたり、製薬会社の営業マンが保険点数の変更について教えてくれたりします。積極的に最新情報を吸収しましょう。

医院経営は、院長自身が頑張るだけ売上につながります。勉強熱心でマメな院長こそ、稼げる院長なのです。

医院の利益を損なわない薬の処方とは？

薬の処方も、保険診療においては重要なポイントです。最も大きく医院経営を左右するのは、ジェネリック医薬品を積極的に使うのかどうかでしょう。

現在、ジェネリックは国の政策で処方が推奨されており、ジェネリックへ誘導すると保険点数の加算が得られます。読者の先生方も、勤務する病院でなるべくジェネリックを処方するよう指導を受けているかもしれません。

医院の売上という観点から言えば、積極的にジェネリックを処方すべきでしょう。国の方針に乗っかることで、保険点数が多く請求できるわけです。

ただ、ジェネリックについてはドクターの間でも解釈が分かれており、ジェネリックに否定的な人もいます。ご存じかもしれませんが、ジェネリックは新薬に比べて研究段階の実験・検証が少ない点が問題視されているのです。

おさらいすると、ジェネリックというのは特許切れになった薬品を廉価に再発売した薬品で、主成分は特許切れ前の薬品とまったく同じです。主成分についてはおおもとの薬品が新薬として開発される際に厳密な研究が重ねられており、日本で定められた製薬のプロセスを経ています。

ただ、薬品には主成分以外に、薬を錠剤として固めたり飲みやすい味にしたりするための副成分が含まれています。ジェネリックの場合、主成分は元の薬と同じでも、副成分がよりコストの安い成分に変更されていたりするケースがあるのです。

製薬会社としては、副成分は人体に影響のない成分であり、ジェネリック開発に当たっての実験はきちんと重ねているという見解ですが、副成分が薬効にどう影響するのかという検証は新薬ほどにはされていないのが実態です。

したがって、ジェネリックが元の薬品と同一ではないというのは事実で、不確定のリスクがある、という意見を持ったドクターもいます。

ジェネリックに否定的なドクターが開業するのであれば、保険点数が加算されるからといって無理に処方する必要はないでしょう。

院長の診療方針は、医院としての軸そのものです。特に薬の処方のような重要な部分は、軸をブレさせてはいけません。売上よりも、医療人としての主義主張を優先すべきです。

ただ、強い意見がないのであれば、国の方針に沿ってジェネリックに誘導していったほうが無難でしょう。

「勤務医グセ」が患者さんを逃す

ほかに、患者さんへの向き合い方も、開業医になった後は意識を改めなければいけません。

大前提にあるのは、開業医は患者さんとしっかり意見が合わないと信用してもらえない、という事実です。同じ医者でも、大病院の勤務医と比べて町医者がいかに権威に欠けるのかは、開業すれば早い段階で痛感するはずです。その点は覚悟しておいてください。

勤務医の先生は非常に多忙のため、全員ではないにしろ、病気や治療についての説明を患者さんが本当に理解しているか、100％同意しているか等のすり合わせが十分できていない場合もあるように思います。患者さんの側が「〇〇病院の先生がおっしゃるならそうなんだろう」と信じて任せてくれるので、本当は患者さんがドクターの説明をよく理解していなくても、ドクターはそれに気づきません。

患者さんに理解されないドクターの説明で一番多いのが、専門用語や難解な用語を使った説明です。ドクター同士の会話では、難しい用語を使って知的能力をアピールし合うような傾向がありますが、その意識を患者さんと話すときにも持ち込んでしまうドクターが多いのです。

ドクターからしたら「患者さんにもこれぐらいはわかるだろう」という認識の言葉でも、ほとんどの患者さんには理解できません。素人と医療従事者の知識量には、雲泥の差があるのです。

私の場合は専門用語だけでなく、少しでも表現が硬くなる言葉はなるべく使わないようにしています。たとえば、「症状が改善する」ではなく「症状が良くなる」と表現し、「悪化する」ではなく「悪くなる」という言葉を使います。端的に伝えたい意味がわかる、一番簡単な言葉選びをするべきです。

ドクターの説明から「なんだか難しそう」という雰囲気を少しでも感じただけで、患者さんの心のドアは閉じてしまいます。患者さんに対して、なるべく理解する努力を求めないように意識するのが、わかりやすく説明するコツです。

さらに、治療の方針が患者さんの意向に沿っているのかも必ず確認してください。ドクターは医療者本位の目線になって「この治療が医学的にベストだからこう進める」と、患者さんの目線を無視して勝手に決めつけてしまう人が多いからです。ひどい場合だと、患者さんの不摂生を上から目線で叱りつけるドクターもいます。

患者さんの気持ちは十人十色です。薬を飲んだほうが良いような症状だとしても、なるべく薬を使わずに治したい患者さんもいます。趣味のスポーツを続けながら治療法を模索したい患者さんもいます。

良い治療とは一律に決まっているものではなく、患者さんのウォンツ（望み）によって多種多様な良い治療があるべきです。守らないと命に関わるような指針でない限り、医療の側が患者さんの治療を一方的に規定するのはお門違いというものでしょう。

診察に当たっては、患者さんの症状や治療についてドクターなりの見解を述べたうえで、考えうる治療とそれぞれの特徴を述べ、患者さんに提案するように話しましょう。重要なのは、対話です。ドクターと患者さんがわかり合うことを目指してください。

これらは何も開業医独特の心得ではなく、患者さんに満足して治療を受けてもらうためには万国共通です。

同様に、勤務医のクセで多いのは、患者さんのリピートを積極的に求めようとしない姿勢です。大病院では新しい患者さんが次から次へとやってきますし、多くの人数を治療したところでドクターの収入は増えません。診察した患者さん一人ひとりに対して、また来てほしい、という気持ちにはなりづらいのです。それどころか、忙しいからなるべく来ないでほしい、という本音を持っているドクターすら多いでしょう。

ところが開業医になると、一度来院してくれた患者さんがまた医院に来てくれるのかどうかは、経営の生命線になります。ひとつの医院の診療圏はたかが知れているので、小さな医院に新しい患者さんが次から次にやってくることはあり得ません。

長く医院を続けていくためには、リピーターを多く抱えるのが必須になるのです。その事実を本心から実感できれば、自ずと診療のあり方も変わってくるはずです。

無駄な出費を抑える医院経営のコツ

患者さんの満足を得てベストな売上を実現するほか、かかる費用をなるべく抑える観点も経営においては重要になります。

開業すると実感するのが、経費とはチリも積もれば山となる、の最たる例だということ。月々かかる経費の額にびっくりして、明細を紐解いていくと、1万円や2万円といった細かい費用の妥協が積もり積もっている現実がよくわかります。

医院経営では、削れる費用はとことんまで削るべきです。私の場合は、注射器の針ひとつとっても必ず卸業者から相見積もりを取り、原則的に一番安い業者に発注しています。安いところで仕入れても、きちんとしたメーカーなら品質は保証されていますし、注射器の針は使い捨てです。高級品を買ったところで治療の質は向上しないので、お金をかけるだけ損します。

ほかには、スタッフの残業代も医院経営を圧迫しがちな費用です。費用だけの問題でなく、毎日のように残業があればスタッフは段々と疲弊していきます。

私の医院のちょっとした取り組みを紹介しましょう。普通、医院において一番遅くまで残っているスタッフは、受付です。一日の最後に締め作業を行なわなければいけないからです。私の医院では、患者さんの治療が続いている間は締め作業ができず、最後の患者さんが帰るまで受付がほとんど何もせずに残業している状況が恒常化していました。

どうにかできないかと思った私は、この問題の解決策をスタッフ同士で話し合ってもらったのです。

スタッフから上がってきたのは、「患者さんがいるうちに締め作業をやってしまう」という解決策でした。具体的には、閉院時間が近くなって新規の外来を締め切ったら、残っている患者さんで治療の内容が決まった人には先に会計を済ませてもらいます。そうすれば締め作業を先に済ませられるので、受付スタッフは待機するだけの残業をせずに退勤することができるのです。

そうしてスタッフを全員帰らせ、最後の患者さんを見送って院長の私が医院を閉めれば、スタッフの残業はゼロになります。

この画期的な解決策は、私でも思いつきませんでした。最後の患者さんが帰ってから初めてスタッフの仕事が終わる、という固定観念にとらわれていたのです。よく考えてみれば、患者さんが全員帰るまでぼーっと待ってから締め作業をしたところで、治療の質が向上したり売上が高まったりするわけではありません。発想の転換です。

大病院では難しい、システムの改革を速やかに断行できるのが、小さな医院の最大の面白さです。この締め作業の改革はほんの一例ですが、固定観念を捨て去って考えれば、治療の質を保ちながら費用を節約するチャンスはいくらでも存在するのです。

さらに、医院のオペレーションの改善については、私の医院のようにスタッフ自身に考えてもらうのをおすすめします。院長が現場の細かい作業まで把握してオペレーションを考えようとするより、日々実際に動いているスタッフたちが自分で工夫してみるほうがよほど効率的です。

院長から信頼されて任せてもらっている、能力を評価して課題を与えてくれている、とスタッフが感じてくれればモチベーションが高まり、理念に則って医院をひとつにすることにも貢献します。

自費診療の是非は？

本書の内容は、私自身が保険診療のみの医院を開業した経験をもとにしています。加えて、開業するドクターの大部分にメリットがある情報としてまとめたかった意図があり、あえて保険診療だけに焦点を当ててノウハウを解説してきました。

ただ、読者の先生方には、自費診療で利益をあげることに関心を持っている人もいるかもしれません。開業成功へのステップの最後に、自費診療について簡単に触れておきます。

まず、大前提として、自費診療メインの医院を開業する場合について本書では想定していません。経営のモデルがかなり異なるからです。

自費診療を経営にメインにする場合、保険診療に比べてはるかに患者さんの費用負担が大きな治療を受けてもらわなければいけません。つまり、経営のキモになるのは患者さんに高額の出費を決断してもらえるかどうかで、モデルとしては医療というよりも富裕層向けの高単価商材を販売するビジネスに近くなります。

したがって、高額な自費診療をメインにする場合、銀行から大きな借り入れを実行して大規模な広告を展開したり、無料のカウンセリングを繰り返して営業マンのように患者さんをくどき落としたり、といった施策で患者さんの心のハードルを丁寧に取り払わなければ、売上をあげられません。

これらが私の提唱する開業成功へのステップからかけ離れた話であることは、ここまで本書を読んでくれた先生方であればおわかりいただけるはずです。

次に、保険診療をメインにする医院で一部、自費診療を行なうことの是非を考えてみましょう。結論からいえば、「保険外でこんな治療もやっています」と紹介するのは構いませんが、多くの患者さんに自費診療を決断してもらうのは難しいでしょう。繰り返しになりますが、保険診療とは患者さんの負担額のケタが変わってくるからです。

患者さんが院長をあたかも教祖のように信じ切っており、院長が勧めた治療はいくらお金がかかっても受ける、という状態になっていれば、保険外の治療も受けてくれるかもしれません。

しかし、現実にはそこまでの関係性を多くの患者さんと築くのは困難でしょう。むしろ、保険外の診療を提案したせいで、患者さんとのせっかくの信頼関係にヒビが入ってしまうかもしれません。

さらに、保険診療と自費診療の混合診療は法律で禁じられているのも気になるところです。保険診療の医院で下手に自費診療を取り入れようとすると、法的にグレーあるいはブラックな医療を行なってしまうことになりかねません。

以上のような理由から、私の医院で自費診療は基本的にやっていませんし、今後もやる予定はありません。医院が発展していくなかで次の戦略として自費診療の取り入れを検討するのはひとつの手でしょうが、本書で目指すところの開業成功に自費診療という手段は不要と判断しています。

エピローグ

繁盛院長の心得――「3方よし」で発展を目指す

ドクターとしてアップデートするための開業という選択肢

私自身の開業の経験、開業してから日数が経過した今になって改めて考えたこと、コンサルを中心としたプロからのアドバイス……様々な情報源をもとに、本書では私なりの開業成功の秘訣について、５つのステップに分けて説明しました。

著者としては、可能な限り具体的に誰でもマネできるよう、一般的ノウハウとしてまとめたつもりです。そのまま読者の先生方が応用できない場合は、どうか考え方のコツとして吸収してもらえると、ありがたく思います。

さて、本書も終盤に近づき、改めて問います。皆さんは、なんで自分の医院を開業したいのでしょうか。

私の場合、実は勤務医時代、長きにわたって開業する意思などさらさらありませんでした。実家が医師の家系ではなく、多くの資金を援助してもらえるアテはなかったこともあり、長期的な将来はあまり考えずに日々の診療に邁進していた、というのが正直な本音です。

ただ、あるときふと気づいたのが、「自分は定年になったら医者ではなくなる」という事実。ご存じのとおり医師免許に定年はありませんが、基本的に勤務医は、勤めている病院の定年を迎えれば医師としても引退します。勤めている病院に顧問として残ったり、個人のクリニックで非常勤として働き続けたりするドクターもいますが、ごく少数です。

そうして、定年が過ぎたらそれまでのドクターという立場がなくなり、居場所を失ってしまう……その後、どうやって生きていくのだろうと思うと、どうしてもイメージができず、漠然と怖くなりました。退職後の未来をどうしても虚しく感じてしまったのが、私が開業を志した大きなきっかけです。

加えて、私の診療科である整形外科の手術は、ドクターの年齢の経過とともに難しくなってくる、という事実も頭を悩ませました。整形外科の手術は人間の骨を扱うので、「大工仕事」と表現する人もいるぐらいに体力を要します。ドクターとしてある程度のキャリアを経た私は、手術でハンマーを扱ったりすると手首が痛むようになり、「今後も長く手術をやり続けるのは難しい」と感じたのです。

開業すれば、手術をせずに診療の現場に立ち続けることができます。逆に言えば、整形外科の勤務医としてずっと働いていると、「診療はしたいが手術はしたくない（できない）」という一種のわがままを叶えてもらうのは困難なのです。大病院は組織としての最適化を優先するので、個別のドクターの生き方のニーズにすべて対応してもらうことは、あまり期待できません。自分の要望を押し通そうとすれば、結果的に病院にいづらくなってしまう場合もあるでしょう。

こうした背景から、私は開業に踏み切りました。

開業医とは、ドクターとして自分に相応しいと思える生き方を、自ら選択できるキャリアです。しかも、一度決めたら終わりではなく、医院の決裁者として自分自身の生き方をアップデートし続けることができます。

ビジネスパーソンの間でも、現代は自分のスキルをアップデートさせ続けて社会に対応していく「個の時代」だという見方が広まっているようです。ドクターの世界もご多分に漏れず、自らの生き方を進化させ続けることが求められているように思います。私にとって、そうした課題を解決する手段が、開業でした。

読者の先生方も、一度、自分はどうして開業したいと思ったのか、整理してみるとよいでしょう。動機がはっきりしないまま開業に踏み切ってしまうと、院長自身がどこに向かって進んでいきたいのか、はっきりしなくなってしまうかもしれません。

開業したいと思った背景には、必ず何かしら、ドクターそれぞれのストーリーがあるはずです。そのストーリーに沿って自然に導き出されたのが、開業という選択肢であるはずです。

私の場合は生き方をアップデートさせるための開業でしたが、その考え方に共感できないとしても一向に構いません。まったく違った動機で開業したとしても、院長自身のなかで軸がはっきりしていれば、進むべき道は定まるはずです。

何も「医療界を変える」「奇跡の治療を実現する」といった大仰な動機でなくとも、読者の先生方オリジナルの開業理由でさえあれば、医院の経営を支える柱として機能してくれることでしょう。

医院によし、患者さんによし、地域によし

医院の経営というものを私は、医療という側面とともに「商売」であるととらえています。商売として取り組んだからこそ、開業してすぐに患者さんを多く集められたのだと確信しています。

商売の格言として私が好きな言葉があります。江戸時代から明治時代にかけ、現在の滋賀県を拠点に数々の豪商を輩出した近江商人が伝えた、「3方よし」という格言です。総合商社の伊藤忠商事のウェブサイトに「3方よし」の意味がわかりやすくまとめられているので、引用します。

近江商人の経営哲学のひとつとして「三方よし」が広く知られている。「商売において売り手と買い手が満足するのは当然のこと、社会に貢献できてこそよい商売といえる」という考え方だ。滋賀大学宇佐美名誉教授によれば、「『売り手によし、買い手によし、世間によし』を示す『三方よし』という表現は、近江商人の経営理念を表現するために後世に

作られたものであるが、そのルーツは初代伊藤忠兵衛が近江商人の先達に対する尊敬の思いを込めて発した『商売は菩薩の業（行）、商売道の尊さは、売り買い何れをも益し、世の不足をうずめ、御仏の心にかなうもの』という言葉にあると考えられる。」とのことである。自らの利益のみを追求することをよしとせず、社会の幸せを願う「三方よし」の精神は、現代のＣＳＲにつながるものとして、伊藤忠をはじめ、多くの企業の経営理念の根幹となっている。

（伊藤忠商事ウェブサイト「近江商人と三方よし」より）

医院経営における私にとっての3方よしは、「医院によし、患者さんによし、地域によし」です。自分の医院が儲かったり院長やスタッフが楽をしたりすることばかりを考えていれば、患者さんは離れます。一方で、患者さんの希望をただただ丸呑みしていては、医院の経営は立ち行きません。そして、ここまでのステップで繰り返したように医院経営は地域密着型モデルですから、地域に顔向けをできないような行為をしていればスタッフも患者さんも集まらないのです。

自分の医院にとっての利益、患者さんの利益、地域の利益。３つすべてを同時に目指すのが、正しい医院経営のありかただと思います。言葉にするのは簡単でも、実践するのはなかなか困難です。

本書には、この3方よしの哲学を込めたつもりです。医院にも患者さんにも地域にも恵みをもたらす医院が、本書がきっかけで世の中にひとつでも多く増えることを願っています。

開業を成功させるために最も大切なのは？

5つのステップを通して、テクニカルな部分や心構えの部分など、開業を成功させるために必要な知識をなるべく網羅できるよう解説してきましたが、最後に最も重要なポイントをお伝えしましょう。

開業を成功させるために一番大切なのは、「気力（マインドセット）」です。

さんざん能書きを垂れておいて最後はそんな精神論かと、がっくりきたかもしれません。

しかし、本書執筆にあたってコンサルや編集者と様々に議論したなかでも、最終的には「経営で一番大事なのはトップの気力」という結論に達しました。

客観的に考えて、私は特別センスのある経営者でも、アイデアマンでもないと思います。

本書で述べた開業を成功させる諸施策も、ドクターになれる程度の能力がある人が真面目に考えればほかにいくらでも思いつくはずです。

しかし、ひとつ胸を張れるのは、経営にあたって自分でやるべきだと考えた行動は、すべて漏らさず実行してきたことです。もちろん、ときにはやってみて失敗した施策もありましたが、すべて学びを得て、その後の経営に生かしてきました。

経営において重要なのは、ウルトラCの解決策を思いつく発想力ではなく、当たり前のことをひとつずつ当たり前に実行していく力なのです。そして、難しくはない行動をきちんと積み重ねられるかどうかは、「開業を絶対に成功させてやる」という気力をどれほど強く持てるのかにかかっています。

開業すれども気力なし、という院長は実に多く見られます。私からすると理解ができませんが、大きなリスクをとって開業したはずなのに、成功に対する本気度が全然足りないのです。私が自分の経験から経営のアドバイスをしても、どこか上の空。後から確認すると案の定、アドバイスを実践していません。そうするうちにその院長の噂を聞かなくなり、しばらくすると医院を閉めたという話が伝え聞かれます。そんなパターンが本当に多いのです。

あるいは、そうした院長は代々ドクターの家系でお金をたくさん持っており、開業がうまくいかなければ実家の医院を継げばいいや、というぐらいの軽い気持ちなのかもしれません。私の場合はドクターの家系ではなく、実家はお金持ちでもありませんでした。勤務医には絶対に戻らないという覚悟をしていたので、この開業に失敗すれば多額の借金を背負い、ドクターでいることすらできなくなり、家族ともども路頭に迷ってしまう……と本気で思い詰めていました。だからこそ、死ぬ気で開業を成功させてやろうという気力を持てたのかもしれません。

開業を成功させたいという必死の思いが強くないのであれば、開業するのはやめておいたほうが良いでしょう。軽い気持ちで踏み切るには、経営という仕事は面倒ごとや不安が多すぎます。1、2年で嫌になるのがおちです。

読者の先生方はわざわざこんな本を手に取るぐらいですから、大きな野心とハングリー精神を持っているのだと思います。きっと、気力は十分でしょう。

うまくいきさえすれば、開業医ほどやりがいのある仕事はほかにないと思います。苦しい開業の初期段階を乗り越え、院長として幸せで豊かな生き方を実現してください。
一人でも多くの幸せな開業医が誕生することを願って、筆をおくこととします。

2021年5月吉日

大野 雅則

読者特典

開業初日から大繁盛する「地域密着医院」の作り方 特設サイト

本書ではお伝えしきれなかった内容を
特設サイト内で紹介しています。

- ☑ 何から始めればいいのか？
- ☑ 立地はどうする？
- ☑ 資金はどのくらいあればいいのか？
- ☑ 患者をどうやったら集められるのか？

開業初月から黒字を達成した院長だから
お伝えできる情報をご覧ください。

アクセスはこちらから
https://seikeikyujin.com/kaigyo.html
このサービスは予告なく終了する場合があります

【著者略歴】

大野 雅則（おおの・まさのり）

大野整形外科リウマチ科院長。島根県出身。平成６年鳥取大学医学部卒業。平成２８年５月２日に大野整形外科リウマチ科を開院した。開業にあたっての緻密な戦略により、同院の初日の患者数は５７人を達成。新規開業の医院としては稀な、初月からの黒字を実現した。開院５ヶ月目には１日の患者数が１００人を超え、平成２９年８月には医療法人化。その後、内科の分院も開院。人口減少の続く山口県において、地域密着型医院の新星として注目を集めている。

開業初日《かいぎょうしょにち》から大繁盛《だいはんじょう》する「地域密着医院《ちいきみっちゃくいいん》」の作《つく》り方《かた》

2021年5月21日初版発行

発行　**株式会社クロスメディア・パブリッシング**

発行者　小早川幸一郎

〒151-0051　東京都渋谷区千駄ヶ谷4-20-3 東栄神宮外苑ビル

https://www.cm-publishing.co.jp

■本の内容に関するお問い合わせ先 ……………………… TEL (03)5413-3140／FAX (03)5413-3141

発売　**株式会社インプレス**

〒101-0051　東京都千代田区神田神保町一丁目105番地

■乱丁本・落丁本などのお問い合わせ先 ……………… TEL (03)6837-5016／FAX (03)6837-5023

service@impress.co.jp

(受付時間　10:00～12:00、13:00～17:00　土日・祝日を除く)

※古書店で購入されたものについてはお取り替えできません

■書店／販売店のご注文窓口

株式会社インプレス　受注センター ………………………… TEL (048)449-8040／FAX (048)449-8041

株式会社インプレス　出版営業部 ……………………………………………… TEL (03)6837-4635

カバーデザイン　佐々木博則（s.s.TREE）

DTP　柳本慈子

印刷・製本　株式会社シナノ

編集協力　仲山洋平（フォーウェイ）

ISBN 978-4-295-40548-1 C2034